Gedichte von Frauen, durch die Jahrhunderte. Was wäre ein Buch wie dieses ohne Catharina Regina von Greiffenberg, ohne Anna Louisa Karsch, ohne Annette von Droste-Hülshoff? Was wäre eine Auswahl der Gedichte der Droste ohne ihren *Turm*; was Ricarda Huch ohne das *Himmelsmärchen*; was Else Lasker-Schüler ohne das *Gebet*; was Ingeborg Bachmann ohne *Erklär mir, Liebe*? Die Auswahl der Gedichte unternimmt den Versuch, im wesentlichen die Grundstimmung des jeweiligen Gesamtwerks der Dichterinnen widerzuspiegeln. Die Auswahl erfaßt subjektiv wie objektiv Erwartetes, Erwünschtes, Unerwartetes; sie nimmt auch das Risiko an, Namen zu übergehen, die einmal als unverzichtbar galten.

»Elisabeth Borchers fordert vom Gedicht, es solle ›im Höchstmaß Gedicht‹ sein. Erläutern, gar beweisen muß sie dieses Kriterium nicht: Ihre Auswahl zeigt, was gemeint ist. Sie zeigt auch, daß Menschliches und Artistisches kaum voneinander zu trennen sind ...«

Rudolf Hartung, FAZ

insel taschenbuch 1790

Gedichte berühmter Frauen

GEDICHTE BERÜHMTER FRAUEN

Von Hildegard von Bingen
bis Ingeborg Bachmann

Herausgegeben von
Elisabeth Borchers

Insel Verlag

insel taschenbuch 1790
Erste Auflage 1996
Insel Verlag Frankfurt am Main und Leipzig

Textnachweise am Schluß des Bandes
Vertrieb durch den Suhrkamp Taschenbuch Verlag
Umschlag nach Entwürfen von Willy Fleckhaus
Druck: Nomos Verlagsgesellschaft, Baden-Baden
Printed in Germany

1 2 3 4 5 6 – 01 00 99 98 97 96

Gedichte
von Hildegard von Bingen
bis Ingeborg Bachmann

HILDEGARD VON BINGEN
1098-1179

Hymnus zu Ehren des Heiligen Geistes

Feuergeist! Preis Dir! Du wirkest auf Pauken und Harfen.
Der Menschen Geist entbrennt von Dir, der Menschenseelen Gezelte tragen ihre Kräfte.
Davon steigt der Wille empor und verleiht der Seele Geschmack; ihre Leuchte ist das Sehnen.
Mit süßem Tone ruft Dich der Geist an und bereitet Dir gar vernünftig eine Stätte, die er in goldenen Werken mühevoll aufbaut.
Du aber führst immer ein Schwert, das abzuschneiden, was der schadenbringende Apfel in schwarzem Morde hervorbringt,
Wenn der Nebel den Willen und die Strebungen bedeckt, in denen die Seele fliegt und sich allum bewegt.
Aber der Geist ist die Bindung des Willens und des Sehnens.
Reckt sich aber der Geist also empor, daß er des Bösen Pupille zu sehen sucht und zum Kinnbacken des Bösen hinstrebt, dann verbrennst Du – wenn Du nur willst – ihn schnell im Feuer.

Neigt sich die Vernunft durch üble Werke zum Bösen, dann zerpreßt und zerreibst Du sie, wenn es Dir beliebt, und führst sie durch Eingießung von Erlebnissen zurück.
Zieht jedoch das Böse sein Schwert wider Dich, dann wendest Du es gegen dessen Herz zurück, wie Du beim ersten gefallenen Engel getan, wo Du den Turm seines Stolzes in die Tiefe hinabschmettertest.
Aufgerichtet hast Du einen anderen Turm unter den Zöllnern und öffentlichen Sündern, die Dir ihre Sünden und Werke bekennen.

Darum preist Dich jegliche Kreatur, die von Dir lebt, weil Du die köstlichste Salbe bist für alle Brüche und eiternden Wunden, die Du in die kostbarsten Perlen verwandelst.
Und nun würdige Dich, uns alle bei Dir zu versammeln und auf den rechten Weg zu führen. Amen.

Sequenz zu Ehren Sankt Mariens

Herrlich sprossend Reis, sei gegrüßt, daß Du Dich im
Windhauche des Sehnens und Suchens der Heiligen
erhobst.
Da die Zeit kam, da Du in Deinen Zweigen blühen solltest,
klinge Dir Gruß und Gruß entgegen, weil Sonnenglut
wie Balsamgeruch in Dir kochte.
Denn in Dir blühte die Wunderblume empor, die allen
Gewürzen Duft gab, allen, die vertrocknet waren.
Und alle erschienen nun in voller Blüte.
Darum ließen die Himmel Tau über das Gras sprühen, und
die ganze Erde ward froh, weil ihr Eingeweide Korn
hervorbrachte und weil die Vögel des Himmels auf ihr
ihre Nester hatten.
Und den Menschen ward Speise gegeben und den
Speisenden große Freude. Und darum, süße Jungfrau,
hört in Dir die Freude nimmer auf.
All das verachtete Eva.
Nun aber sei Preis dem Allerhöchsten!

Sequenz auf den heiligen Maximin

Es schaute die Taube durch das Gitter des Fensters,
wo vor ihrem Angesicht drinnen
der Balsam herniederträufelte
von Maximins lichter Helle.

Glüh entbrannte die Sonne,
und ihr Schein durchdrang die Finsternis;
des entsproßte die Knospe,
wuchs des Edelsteines Kleinod,
des reinen Tempels Zier, das war sein Herze fromm.

Ragend steht er, dem Turme
von Zedern gleich zu schaun und Zypressenholze;
Sardonyx und Hyazinth, die sind sein Schmuck,
gleich der Stadt, der hehren, ob der Künste der Meister all.

Mit dem raschen Hirsche
hinstrebt er zur Quelle des lautersten Wassers,
das sprudelt aus dem stärksten Stein hervor,
aus dessen Naß die Süßigkeit strömt der Düfte.

O die ihr euch erlabt
der Würze in dem frischen Grün,
darin die Gärten des Königs prangen,
die zur Höhe ihr anstiegt,
nachdem ihr des Opfers Heiligtum,
des Widders Weihgeschenk dargebracht habt!

Unter euch leuchtet als Meister er, als des Baus Pfeiler,
dessen Herz des Adlers Fittich sich ersehnt,
der die Weisheit geküßt hat als die Amme sein:
denn ihr zum Ruhme ist so an Söhnen die Kirche reich.

Bist Berges Gipfel, Tales Tiefe auch,
und hie wie dorten
erhebst du dich, ein stolzer Bau, gen Himmel,
wo der Steinbock wandelt, des Elefanten Geselle,
und wo der Weisheit Quell der Erquickungen höchste.

Voller Stärke und Milde bist du beim heiligen Amt
an den lichtbeglänzten Stufen des Altars,
aufsteigend wie ein Rauch von Düften schwer
zu des Höchsten Throne,
wo du mit Gebeten das Volk vertrittst,
das hinstrebt wohl zu des Lichtes Warte,
des Preis sei im Himmel.

MECHTHILD VON MAGDEBURG
um 1207/10-1282/83

Von der Klage der minnenden Seele

... Herre, ich will dich zwei Dinge fragen,
Die sage mir nach deinen Gnaden:
Wenn meine Augen trauern elendiglich
Und mein Mund schweiget einfältiglich
Und meine Zunge ist in Kummer gebunden
Und meine Sinne mich fragen von Stunde zu Stunden,
Was mir sei, – so ist das mir,
Herre, alles nach *dir*!
Und mein Fleisch verfällt mir,
Mein Blut vertrocknet,
Mein Gebein erkaltet, meine Adern krampfen
Und mein Herze schmilzet nach deiner Minne
Und meine Seele brennet mit eines hungrigen Löwen
Stimme.
Wie mir da ist, wo du da bist,
Viel Lieber, das sage mir!

»Dir ist wie einer neuen Braut,
Der im Schlafe entgangen ist ihr Einziger traut,
Zu dem sie sich mit ganzer Treue geneiget
Und kanns nit ertragen, daß er ein Stund von ihr scheidet.
Erwacht sie, so kann sie sein nit mehr haben,
Nur so viel, als sie ihn im Sinne mag tragen, –
Davon hebt sich all ihr Klagen.
Solang dem Jüngling seine Braut nit ist heimgegeben,
So muß sie oft einsam ihm fern sein. –
Ich kumm zu dir nach meiner Lust, wann ich will;
Sei du wohlgezogen und still
Und verbirg deinen Kummer, wo du kannst,
So mehrt sich an dir der Minne Kraft.

Nu sage ich dir, wo ich dann bin:
Ich bin in mir selbst in allen Stätten und in allen Dingen,
Wie ich je ward sunder Beginnen,
Und ich warte dein im Baumgarten der Minne
Und breche dir die Blume der süßen Einung
Und mache dir da ein Bette
Aus dem lustlichen Grase der heiligen Erkenntnis,
Und die lichte Sunne meiner ewigen Gottheit
Bescheinet dich mit dem verborgenen Wunder meiner Anmut,
Wovon du heimlich ein wenig bezeuget hast.
Und da neige ich dir den höchsten Baum meiner heiligen Dreifaltigkeit,
Da brichst du dann die grünen, weißen, roten Äpfel meiner sanften Menschheit,
Und so beschirmt dich der Schatten meines heiligen Geistes
Vor aller irdischen Traurigkeit,
So kannst du nit gedenken an dein Herzeleid.
So du den Baum umfängst, so lehre ich dich der Mägde Sang,
Die Weise, die Worte, den süßen Klang,
Den die alleine in sich selber nit können verstahn,
Die von der Unkeuschheit durchdrungen sind, –
Doch sölln auch sie süßen Wandel han. –
Liebe, nu heb zu singen an und laß hören, wie du's kannst.« –

O weh, mein viel Lieber, ich bin heiser in der Kehle meiner Keuschheit,
Aber der Zucker deiner süßen Güte
Hat meine Kehle zum Schallen gebracht,
Daß ich nu singen kann also, Herre:
Dein Blut und meins ist eines, unbefleckt,
Deine Minne und meine ist eins, ungeteilet,
Dein Kleid und meines ist eins, unbeschmutzt,

Dein Mund und meiner ist eins, ungeküßt.
Das sind die Worte des Sanges der Minnestimme,
Und der süße Herzensklang müsse bleiben,
Denn das vermag kein irdische Hand zu beschreiben.

Von der Hofreise der Seele

Wenn die arme Seele kommt zu Hofe, so ist sie weise und wohlgezogen. Da sieht sie ihren Gott fröhlich an. Eia, wie lieblich wird sie da empfangen! Da schweigt sie und begehrt unermeßlich seines Lobes. Da weist er ihr in großer Begehrung sein göttlich Herze, das ist gleich dem roten Golde, das da in einem großen Kohlenfeuer schmilzt. Und er nimmt sie in sein glühendes Herz. Wenn sich der hohe Fürst und die kleine Dirne also umhalsen und vermengt sind wie Wasser und Wein, dann wird sie zu nichte und kommt von sich selbst, als ob sie nicht mehr könnte. Er aber ist minnesiech nach ihr, wie er je war, denn er nimmt weder zu noch ab. Und sie spricht:

Herr, Du bist mein Trost,
meine Begehrung,
mein fließender Bronn,
meine Sonn',
und ich bin Dein Spiegel. –

Dies ist die Hofreise der minnenden Seele, die ohne Gott nicht zu sein vermag.

Von den Jungfrauen der Seele und vom Schlage der Minne

(Ein Zwiegespräch)

Alle heiligen Tugenden sind die Jungfrauen der Seele.
Der Seele süßer Verdruß klagt der Minne ihre Not.

Die Seele:
Eia, allerliebste Jungfrau,
nun bist Du lange meine Kämmerin gewesen.
Nun sage mir, soll ich fürder leben?
Du hast mich gejagt, gefangen, gebunden
und so tief verwundt,
daß ich nimmer werde gesund.
Du hast mir manchen Keulenschlag gegeben.
Sage mir, werd' ich zujüngst von Dir genesen?
Werde ich nicht getötet von Deiner Hand?
Oh! Es wäre mir besser, ich hätte Dich nie erkannt!

Die Minne:
Daß ich Dich jagte, das lüstete mich.
Daß ich Dich fing, des begehrte ich.
Daß ich Dich band, des freute ich mich.
Da ich Dir die Wunden schlug, wurdest Du mit mir vereint.
So ich Dir Keulenschläge gebe, werde ich Deiner gewaltig.
Ich habe den allmächtigen Gott aus dem Himmelreiche getrieben
und habe ihm benommen sein menschliches Leben,
und habe ihn mit Ehren seinem Vater wiedergegeben.
Wie könntest Du, schnöder Wurm, vor mir genesen?

Die Seele:

Sprich, meine Kaiserin, ich fürchte eine kleine
heimliche Arznei,
die mir Gott oft hat gegeben,
daß ich durch sie könne leben.

Die Minne:

Scheut man der Gefangnen Tod,
so gibt man ihnen Wasser und Brot.
Die Arznei, die Dir Gott oft hat gegeben,
ist nur eine Fristung für dies menschliche Leben.
Wenn aber naht Dein Ostertag,
Dein Leib empfängt des Todes Schlag,
will ich Dich ganz umpfahn
und durch Dich gahn,
Dich Deinem Leibe stehlen
und Deinem Liebsten vermählen. –

Die Seele:

O Minne, diesen Brief habe ich aus Deinem Munde
geschrieben.
Nun gib mir, Frau, Dein Ingesiegel!

Die Minne:

Die Gott je über sich selbst liebgewonnen,
die wissen wohl, wo sie das Ingesiegel hernehmen
sollen.
Es liegt zwischen uns zweien.

Die Seele:

Schweig, Liebe, sprich nicht mehr!
Aller Jungfrauen Liebste, gehuldigt sei Dir
von allen Kreaturen und von mir.
Sage meinem Liebsten, sein Bett sei bereit,
minnesiech harr' ich die ganze Zeit!

Ist dieser Brief zu lang, siehe, daran ist das schuld, ich war auf der Matte, da ich mannigerlei Blumen wand.

Dies ist ein süßes Jammerklagen.
Wer aus Minne stirbt,
den soll man in Gott begraben.

Ein Lob Gottes wegen acht Dingen
Von der Sünden Opfer

O großer Tau der edeln Gottheit!
O feine Blume der süßen Magd!
O nütze Frucht der schönen Blume!
O heilig Opfer des himmlischen Vaters!
O getreues Lösepfand der ganzen Welt!
Du bist, Herre, meine Labung
Und ich deine Blühung.
Du bist mir, Herre, kleine mit deiner Untertänigkeit
Und ich bin dir groß in dem Jammer meiner Bosheit.
Ich opfre dir, Herre, alle Tage
Alles, was ich in mir habe, –
Das ist alles nichtig.
Da sollst du, Herre, deine Gnade eingießen,
So mag ich von deiner Minne überfließen.

Der Mindeste lobet Gott in zehn Dingen

O du brennender Berg, o du auserwählte Sonne!
O du voller Mond, o du grundeloser Bronne!
O du unerreichbare Höhe, o du Klarheit ohne Maße!
O Weisheit ohne Grund!
O Barmherzigkeit ohne Hinderung!
O Stärke ohne Widerstand!
O Krone aller Ehren!
Dich lobt der Mindeste, den du je geschufst.

Vier sind in dem Streite Gottes

O Taube ohne Galle! O Magd unversehrt!
O Ritter ohne Wunden! O Knecht unverzagt!
Das sind die Vier, die Gott
In seinem Streite wohl behagen.

Die Seele lobet Gott in fünf Dingen

O Kaiser aller Ehren! O Krone aller Fürsten!
O Weisheit aller Meister! O Geber aller Gabe!
O Löser aller Gefängnisse!

Wie Gott kummet in die Seele

Ich kumm zu meiner Lieben
Wie ein Tau auf die Blume.

Wie die Seele Gott empfahet und lobet

Eia, fröhliche Anschauung!
Eia, lieblicher Gruß!
Eia, minnigliche Umhalsung!
Herre, dein Wunder hat mich verwundet,
Dein Gnade hat mich erdrückt.
O du hoher Fels, du bist so wohl durchgraben,
In dir mag niemand nisten
Denn Tauben und Nachtigall.

Wie Gott die Seele empfahet

Sei willkommen, liebe Taube!
Du bist so sehre geflogen in dem Erdenreiche,
Daß deine Federn sind gewachsen in dem Himmelreiche.

Gott vergleichet die Seele vier Dingen

Du schmeckest wie eine Weintraube,
Du duftest wie Balsam,
Du leuchtest wie die Sonne,
Du bist eine Zunahme meiner höchsten Minne.

Die Seele lobet Gott in fünf Dingen

O du gießender Gott in deiner Gabe!
O du fließender Gott in deiner Minne!
O du brennender Gott in deiner Begehrung!
O du schmelzender Gott in der Einung mit deinem Lieb'
O du ruhender Gott an meinen Brüsten!
Ohne dich mag ich nit sein.

Gott vergleichet die Seele mit fünf Dingen

O du schöne Rose im Dorn!
O du fliegende Biene im Honig!
O du reine Taube in deinem Sein!
O du schöne Sonne in deinem Schein!
O du voller Mond in deinem Stande!
Ich kann mich nit von dir abkehren.

Gott liebkost mit der Seele in sechs Dingen

Du bist mein Lagerkissen,
Mein minnigliches Bette,
Mein heimlichste Ruhe,
Mein tiefstes Begehren,
Mein höchste Ehre!
Du bist ein Lust meiner Gottheit,
Ein Trost meiner Menschheit,
Ein Bach meiner Glut!

Die Seele widerlobet Gott in sechs Dingen

Du bist mein Spiegelberg,
Ein Augenweide,
Ein Verlust meiner selbst,
Ein Fall und ein Verleugnen meiner Gewalt,
Mein höchste Sicherheit!

Von den sieben Tageszeiten

Mette: Minnevoll – in Süße wohl.
Prim: Minneverlangen – ein süßes Bangen.
Terz: Minnelust – ein süßer Durst.
Sext: Minnefühlen – ein süßes Kühlen.
Non: Minnetod – ein süße Not.
Vesper: Minnefließen – ein süßes Gießen.
Komplet: Minnereuen – ein süßes Freuen.

Die Wüste hat zwölf Ding

Du sollst minnen das Nicht,
Du sollst fliehen das Icht.
Du sollst alleine stahn
Und sollst zu niemand gahn.
Du sollst sehre unmüßig sein
Und von allen Dingen frei sein.
Du sollst die Gefangenen entbinden
Und die Freien zwingen.
Du sollst die Siechen laben
Und sollst doch selbst nichts haben.
Du sollst das Wasser der Pein trinken
Und das Feuer der Minne mit dem Holz
der Tugend entzünden,
So wohnest du in der wahren Wüste.

Von der Bosheit, der Güte und dem Wunder

Mit der Bosheit deiner Feinde sollst du gezieret werden.
Mit den Tugenden deines Herzens sollst du gehehret werden.
Mit deinen guten Werken sollst du gekrönet werden.
Mit unser zweier Minne sollst du gehöhet werden.
Mit meinem lustlichen Wunder sollst du geheiliget werden.

Die Seele antwortet Gott, daß sie unwürdig sei der Gnaden

O viel Lieber! Unschuldiger Schmach lüstet mich,
Herziglicher Tugenden begehr ich,
Guter Werke han ich leider nit,
Unser zweier Minne – die verderbe ich,
Deines schönen Wunders bin ich gar unwürdig.

Gott rühmet sich, daß die Seele überwunden hat vier Sünden

Unser Herre rühmet sich im Himmelreiche
Seiner minnenden Seele, die er hat im Erdreiche,
Und spricht: Sehet, wie sie kummt gestiegen,
Die mich verwundet hat!
Sie hat den Affen der Welt von sich geworfen,
Sie hat den Bären der Unkeuschheit überwunden,
Sie hat den Löwen des Hochmuts unter ihr Füße getreten,
Sie hat dem Wolf der Gierheit seinen Wanst zerrissen
Und kummt gelaufen wie ein gejageter Hirsch
Nach dem Brunnen, der ich bin.
Sie kummet geschwungen wie ein Aar
Aus der Tiefe in die Höhe.

Gott fraget die Seele, was sie bringe

Du jagest sehre in der Minne.
Sage mir, was bringest du mir, mein Küniginne?

Des antwortet sie ihm, was besser ist, denn vier Ding

Herre, ich bringe dir mein Kleinod:
Das ist größer denn die Berge,
Es ist breiter denn die Welt,
Tiefer denn das Meer,
Höher denn die Wolken,
Schöner denn die Sonne,
Mannigfaltiger denn die Sterne;
Es wieget mehr denn die ganze Erde.

Gott fraget mit einem Lobe, wie das Kleinod heiße

O du Bilde meiner Gottheit,
Gehehrt mit meiner Menschheit,
Gezieret mit meinem heiligen Geiste,
Wie heißet dein Kleinod?

Das Kleinod heißet: des Herzens Lust

Herre, es heißet: meines Herzens Lust,
Die han ich der Welte entzogen,
In mir selber zurückgehalten
Und allen Kreaturen versaget;
Nu kann ich sie nit fürbaß tragen.
Herre, wo soll ich sie hinlegen?

Deine Lust leg in die Dreifaltigkeit

Deines Herzens Lust sollst du nirgendhin legen
Denn in mein göttlich Herze
Und an meine menschliche Brust.
Da alleine wirst du getröstet
Und von meinem Geiste geküsset.

Also sprichet die minnende Seele zu ihrem lieben Herren

Wäre die ganze Welt mein
Und wäre sie von Golde rein,
Und sollte ich hie nach Wunsche ewiglich sein
Die alleredelste, die allerschöneste,
Die allerreicheste Kaiserin fein,
Das wäre mir immer zuwider, –
Also viel gern
Sehe ich Jesum Christum, meinen lieben Herrn,
In seiner himmlischen Ehre!
Denkt, was sie leiden,
Die sein lange beiten!

beiten: harren

Von der mannigfachen Zierde der Braut, und wie sie kommt zu dem Bräutigam, und von ihrem Gesinde

Die Braut ist gekleidet mit der Sonne, der Mond ist unter ihre Füße gestellt, und sie ist gekrönt mit der Einung. Sie hat einen Kaplan, das ist die Furcht, der hat eine goldne Rute in der Hand, das ist die Weisheit. Der Kaplan ist bekleidet mit des Lammes Blut und ist mit der Ehre gekrönt. Und die Weisheit ist bekleidet mit dem Wohlgefallen und ist gekrönt mit der Ewigkeit.

Die Braut hat vier Jungfrauen. Die Minne leitet die Braut. Die Minne ist gekleidet mit der Menschheit und gekrönt mit der Würdigkeit. Die andere ist die Demütigkeit, die hält die Braut. Die ist gekleidet mit der Unachtbarkeit und ist gekrönt mit der Höhe. Die dritte Jungfrau, das ist die Reue. Die ist gekleidet mit den Weinträublein und ist gekrönt mit der Freude. Die vierte Jungfrau ist Barmherzigkeit, die ist bekleidet mit der Salbe und ist gekrönt mit der Wonne. Die zwei tragen der Braut den Mantel, das ist der Ruf der Heiligkeit.

Sie hat einen Bischof, das ist der Glaube, der bringt die Braut vor den Bräutigam. Der Bischof ist gekleidet mit teurem Gesteine und gekrönt mit dem heiligen Geiste. Der Bischof hat zwei Ritter. Der eine ist die Stärke, der ist gekleidet mit dem Streite und ist gekrönt mit dem Siege. Der andere ist die Kühnheit, der ist gekleidet mit der Gnade und gekrönt mit aller Seligkeit.

Sie hat einen Kämmerer, das ist die Wachsamkeit. Der ist gekleidet mit Stetigkeit und ist gekrönt mit Beständigkeit. Er trägt der Braut das Licht vor und trägt ihr den Teppich nach. Das Licht ist Vernunft, die ist gekleidet mit der Klugheit und ist gekrönt mit Freigebigkeit. Der Teppich ist das heilige Gewissen, das ist gekleidet mit gutem Willen und ist gekrönt mit Gottes Behagen. Sie hat einen Schenken, das ist die Begehrung, die ist gekleidet mit Begierde und ist gekrönt

mit Frieden. Sie hat einen Spielmann, der heißt Liebreich. Seine Harfe, das ist die Innigkeit. Der ist gekleidet mit der Gunst und gekrönt mit der Hilfe.
Die Braut hat fünf Königreiche. Das erste sind die Augen, die sind gebaut mit den Tränen und geziert mit Bezwingung. Das andere sind die Gedanken, die sind gebaut mit dem Streit und geziert mit dem Rate. Das dritte ist das Sprechen, das ist gebaut mit dem Nutzen und geziert mit der Treue. Das vierte ist das Hören, das ist gebaut mit dem Gotteswort und ist geziert mit dem Troste. Das fünfte ist die Berührung, die ist gebaut mit der Selbstbeherrschung und geziert mit der reinen Gewohnheit. Diese fünf Königreiche haben einen Vogt, das ist die Schuld. Die ist gekleidet mit der Beichte und gekrönt mit der Buße. Der Vogt hat einen Richter, der ist gekleidet mit der Kasteiung und gekrönt mit der Geduld.
Die Braut hat ein Saumtier, das ist der Leib, der ist gezäumt mit der Unwürdigkeit. Schmachheit ist sein Futter, und sein Stall ist die Beichte. Der Saumschrein, den er trägt, ist die Unschuld. Die Braut hat ein Purpurseidentuch, das ist die Hoffnung, die ist gekleidet in die Wahrheit und gekrönt mit dem Sange. Sie hat eine Palme in der Hand, das ist der Sieg über die Sünde, und eine Büchse in der anderen Hand, die ist voll Sehnsucht und Minne, die will sie ihrem Lieben bringen. Sie hat einen Pfauenhut, das ist das gute Gerücht auf Erden und hohe Ehre im Himmelreich.
So geht sie einen Weg, der ist voller Süße und Sicherheit, das ist die Sanftmütigkeit. Da singt sie denn:

Auserwähltes Lieb, wie ich Dein begehre!
Du nimmst und gibst mir mannige Herzensschwere.
Übersinnliche Not habe ich von Dir.
Wenn Du, Herr, gebietest,
werde ich erlöst von mir.

Da spricht er:
Minnigliche Liebe, gedenke an die Stund',
da Du einst begriffest der Minne vollen Fund
und ließ'st Dich nicht erlangen,
und doch hab' ich zu aller Stund'
mit meinen Armen Dich umfangen.

Wie Gott die Seele lobt

Es sprach der minnigliche Mund,
der meine Seele hat verwundt,
in seinen hohen Worten,
die ich Unwürdige hörte:
Du bist meine Sehnsucht, ein Minne-Fühlen,
Du bist meiner Brust ein süßes Kühlen,
Du bist ein starker Kuß meinem Mund,
Du machst mich fröhlich: Freude-Fund.
Ich bin in Dir und Du bist in mir.
Wir können einander nicht näher sein,
denn wir zwei sind in Eins geflossen
und sind in eine Form gegossen
und bleiben ewig unverdrossen.

Nun geht die Allerliebste zu dem Allerschönsten in die verhohlenen Kammern der makellosen Gottheit, da findet sie der Minne Bett und der Minne Gelaß. Gott ist göttlich und menschlich bereit. Es spricht unser Herr: Stehet still, Frau Seele! – Die Seele: Was gebietest Du, Herr? – Der Herr: Entkleidet Euch! – Die Seele: Herr, wie soll mir denn geschehn? – Der Herr: Frau Seele, Ihr seid so sehr genaturt in mich, daß nichts mehr zwischen Euch und mir sein kann. Es ward nie ein Engel so hehr, dem das eine Stunde verliehen würde, was Euch ewiglich gegeben ist. Darum sollt Ihr von Euch legen beides, Furcht und Scham, und alle äußere Tugend. Nur allein die Tugend, die Ihr in Euch tragt von Natur, die sollt ihr ewiglich empfinden. Das ist Euere edle Begehrung und Euere grundlose Begierde, die will ich ewiglich erfüllen in meiner endlosen Güte.

Die Seele:

Herr, nun bin ich eine nackende Seele,
und Du bist in Dir selbst ein wohlgezierter Gott.
Unser zweier Gemeinschaft
ist ewige Lieb' ohne Tod.

Da geschieht eine selige Stille,
Da wird ihr beider Wille.
Er gibt sich ihr, sie gibt sich ihm. –
Was ihr da geschieht, weiß sie.
Und des getröstet sie sich,
wenn dies nicht lange kann bestehen:
Zwei Liebende, die verhohlen zusammenkommen,
müssen oftmals ohne Abschied voneinandergehen.

Von diesem Buche

Ich ward vor diesem Buche gewarnet,
Und ward von Menschen mir also gesaget:
Wollte man es nit bewahren,
Da möchte ein Brand darüberfahren.
Da tat ich, wie ich von Kinde an getan:
Wenn ich betrübt war, so fing ich zu beten an.
Da neigte ich mich zu meinem Lieb
Und sprach: Eia, Herre, nu bin ich betrübt,
Um deiner Ehre willen soll ich nu ungetröstet
von dir bleiben.
Du hast mich verleitet,
Denn du hießest mich selbst, es zu schreiben.
Da offenbarte sich Gott alsbald meiner traurigen Seele
Und hielt dies Buch in seiner rechten Hand
Und sprach: »Meine Liebe, betrübe dich nicht zu sehr;
Die Wahrheit kann niemand verbrennen.
Der es mir aus meiner Hand nähme,
Der soll stärker sein denn ich.
Das Buch ist dreifaltig
Und bezeichnet alleine mich.«

KLAUSNERIN ENGELBIRN
13. Jahrhundert

Der Seele Würdigkeit

Viel werte Seele, halt dich wert,
Erkenne wohl dein Edelkeit:
Der Beste dein zum Besten gehrt,
Das Heil dir hohes Heil verleiht.

Der falschen Demut tu dich frei,
Steig auf in die Hoffärtigkeit,
Die Höchste bei dem Höchsten sei,
Dir misseziemt all irdisch Kleid.

Du bist die Forme, die Gott hat
Gebildet nach dem Bilde sein,
Die Gnade hat dir Zierde bracht
Aus der Dreifaltigkeite Schein.

Du bist vermählt zu einer Braut
Gotte in dem Glauben dein,
Warst ihm so zart und also traut,
Er gab für dich das Leben sein.

Du bist der Ewigkeit geborn,
Ein Erbe Himmelreiches gar,
Die Engel sind dazu erkorn,
Daß sie mit Dienst dein nehmen wahr.

Der beste Meister, der je ward,
Der wirkte gar mit Fleiße dich,
Nie Koste ward für dich gespart;
Des jammert manches Menschen mich,

Daß Gott sein Reichheit also groß
Aufs Erdreich ausgegossen hat
Und, aller Zierde worden bloß,
Zum Fleische sich gesellet hat.

Mit Willen dem zu Willen lebet,
Hat Schand für Ehr auf sich genommen;
Wes Leben so nach Tode strebet,
Des Seel ist Freuen recht benommen.

O weh dir, böser Sündentod,
Daß Gott an der Nature sein
Muß leiden lästerliche Not!
Des solln die Guten haben Pein.

Viel armer Mensch, erbarme dich
Und gib der Seel ihr Würdigkeit,
Die du gemacht erbärmelich
Mit mancher groß'n Unsauberkeit.

Dein Minne ist so auserlesen,
Niemand kann ihrer würdig sein,
Nur Er, der über allen Wesen,
Den minne, denn er gehrt auch dein.

Er ist's, der von der Höhe kam
Und aus des Vaters Herzen schied
Und ging von seinem Erbe dann,
Da er die Freud und Ehre mied,

Zu diesem Tal der Jammerkeit,
In einer keuschen Maide Schoß,
Da nahm er an die Menscheheit,
Gar fleckenfrei und sündenbloß.

Er trug Armut und Mühsal mit
Von seiner Jugend bis ins Grab,
Kein Minner mehr durch Minne litt
Wohl dreißig Jahr viel manchen Tag.

Nie konnte schönre Formen man
An einem Menschen je erspähn,
Und doch ließ ihn die Minne dann
Wie Aussatz in Verachtung stehn.

Er, dem die Allgewalt gegeben,
Den machte schwach die Liebespflicht;
Des Todes Furchte riet zum Leben, –
»Nein!« sprach die Minne, – »du sollst nicht!«

Er ist's, der wie ein Lämmelein
Sein Kreuze zu der Marter trug,
Viel stille schwieg und ließ es sein, –
Die Minn tat ihm des nie genug.

Vor dem Kreuze ausgezogen
Wurde ihm nun all sein Kleid,
Der doch dem Himmel ohne Trügen
Das schöne Lichtgewand verleiht.

Solch eine Pein also befing
Den reinen magedlichen Leib,
Da er auf an die Marter ging;
Drum soll erkennen Mann und Weib,

Daß ihn die Minn zum Opfer gab
Für Evas Fluch, des Menschen Not,
Daß an des heilgen Kreuzes Stab
Sein Tod wär unseres Todes Tod.

Auf dem Kreuze ward er gedehnt,
Auf daß er wär ein Harfenklang
Dem, der sich nach der Minne sehnt,
So dies bedächte sein Gedank.

Wie sind die Hände ihm durchschlagen
Von Minne, die den Hammer trieb,
Die Füße auch, – ich möcht es klagen,
Daß nicht verschonte sein die Lieb!

Durch Minne in die Seiten drang
Ein Speer, der zu dem Herzen stieß,
Draus ein so großer Bach entsprang,
Der einen Weiher von sich ließ.

Wallt' über nicht die Minneflut,
Die stets im Überfluß bereit,
So wär ein einzger Tropfen gut
Gewesen aller Christenheit.

Ei, Seele mein, nun sei nicht karg
Und spar vor dieser Minne nicht,
Sie ist so groß und überstark,
Nimm Leib und Leben in die Pflicht!

Sieh, wie er vor dir aufgezogen,
Geblößet ganz und nackend steht,
Sein Haupt und Leib in Qual gebogen, –
Wohl ihm, dem das zu Herzen geht!

Sieh doch, wie er da Haupt und Mund
Zur Sühne dir geneiget hat,
Auf daß dein' Minn' ihm werde kund,
Der dies durch dich erlitten hat.

Sieh, wie sein' Arme sind erspreit't,
Sein' Minne gehrt zu halsen dich;
Soll nun dein' Minne ihm sein verseit,
So wird dein' Minn' unminniglich.

Nun minne, reine Minnerin,
Dein' Minne füget niemand baß;
Hie ist rechter Minne Gewinn, –
All andre Minn' gibt nichts denn Haß.

Ich minne den heiligen Christ;
In des Brautbette ich bin gegangen,
Des Mutter ein' Maid ist
Und sein Vater kennet nicht Weibes.

Seine Orgel singet mir mit wohllautender Stimme.
So ich ihn minne, so bin ich keusch.
So ich ihn anrühre, so bin ich rein.
So ich ihn nehme, so bin ich Jungfrau,
Ich han von seinem Munde empfangen Honig und Milch
Und sein Blut hat gezieret mein Wängelein.
Bitt' für die arme Engelbirne, daß sie Gott bekehre,
Des ist not ihr' armen Seele!

AUS DEN SINNGEDICHTEN DER SCHWESTERN VON ST. KATHARINA

15. Jahrhundert

Die Grundel

Eine Grundel bin ich genannt,
Deinem mitleidigen Herzen gar wohl bekannt;
Dort in der ewigen Freude und Seligkeit
Ist der grundlose See göttlicher Erbärmde dir bereit,
Tausendfach wird dann dein barmherziger Sinn ergötzt,
Wenn sich freundlich zu dir neigt Jesus der Allerbest;
Begierlich wirst du an seinem Herzen hangen,
Er hält mit seinen Armen dich umfangen
Und zartet dir so minniglich und so fein,
Als habe er sonst niemanden, denn dich allein.

Das Logelin

Ich heiß ein Logelin und will ganz dein eigen sein.
Laß dich im Gottesdienste nicht verdrießen,
So wirst du Gottes einst am Himmelstisch genießen.
Da wird der süßeste und klarste Wein,
Voll Wonnelust und Freude, dein Getränke sein;
Aus Jesu minnereichem Herz ist er entsprungen
Und in die Seelen aller Sel'gen eingedrungen.

Das Kresseli

Ich heiß ein Kresselein
Und füge mich wohl dem Herzen dein;
Hast du gehorsam den Eigenwillen aufgegeben,
Wird Jesus mit seinen Gnaden immer in dir leben;
Du magst ihn allenthalben bei dir tragen,
Kannst mit ihm kosen und dein Leid ihm klagen,
Hier in der Zeit mehren seine Gnaden
Und im Himmel einst im Meer der Freuden baden.

Der Spar

(Anna Bruhi)

Ein Spar bin ich genannt, Einsamkeit ist mein Gesang.
Der Herr Jesus hat mich in Liebe umfangen,
Als er allein und trostlos am Kreuze gehangen;
Halt allzeit innig und einig deinen Mut,
Dann wirst du gelangen zum höchsten Gut
Und dringen in der Ewigkeit in Gottes Heimlichkeit.

Das Zaunschlüpflein
(Elsbeth Stierli)

Zaunschlüpflein bin ich genannt, Demut ist mein Gesang.
Ich lehre das Gemüt niederbiegen
Und zu den Füßen Christi liegen;
Denn der lustbare Born göttlicher Barmherzigkeit
Fließt abwärts in das Tal der Demütigkeit.

Der Schalm
(Anna Humpisi)

Ein Schalm bin ich genannt,
Sankt Franzisko gar wohl bekannt;
Als er sein wollte ein Prädikant,
Lehrte er mich meinen Gesang,
Der nachmals in viele Herzen drang;
Halt überall das Schweigen gleich,
Es macht an Tugend und an Gnaden reich,
Es lehret in dich selbst dich kehren
Und Gottes Einsprach in dir hören.

Der Falk

(Anna Falk)

Ein Falk bin ich, klug und fein,
Behutsamkeit soll mein Gesang sein.
Willst du dein Auge in dich selber kehren,
Wird Gottes Gnad' sich in dir mehren
Und in dir aufgehn wie das Morgenrot;
Gott hilft dir hier und dort aus aller Not
Und läßt dich in den himmlischen Auen
Das ewige Wort in seiner Klarheit schauen.

Der Phönix

(Agnes Bützli)

Phönix ist mein Nam', göttliche Liebe mein Gesang;
Sieh, ich verjüng mich in der Liebe Glut,
Die göttliche Liebe macht alle Werke gut;
Ich binde, den sonst niemand binden mag.
Hast du mich, so lebst du ohne Klag'.
Du sollst mit Gott vereinet sein,
Wie wohlgefällig wirst du dann dem Herren dein!
Du darfst dich ihm vertraulich nahen,
Und Jesus wird dich süß umfahen.

Die Wasserstelze

(Barbara Hufeisen)

Ein Wasserstelzlein ist mein Nam',
Die Mäßigkeit ist mein Gesang;
Ich will dich lehren nüchtern sein,
Zuweilen Wasser trinken für den Wein;
Doch sollst du es zu streng nicht machen,
Daß du zuweilen noch magst lachen,
Und geht die Andacht nicht, wie du gedacht,
So denk: aus Wasser hat ja Jesus Wein gemacht!

CATHARINA REGINA VON GREIFFENBERG
1633-1694

Gott-lobende Frühlings-Lust

Jauchzet, Bäume! Vögel, singet! tanzet, Blumen! Felder, lacht!
Springt, ihr Brünnlein! Bächlein, rauscht! spielet, ihr gelinden Winde!
Walle, lust-bewegtes Traid! süße Flüsse, fließt geschwinde!
Opfert Lob-Geruch dem Schöpfer, der euch frisch und neu gemacht!

Jedes Blühlein sei ein Schale, drauf Lob-Opfer ihm gebracht,
Jedes Gräslein eine Säul, da sein Namens-Ehr man finde.
An die neu-belaubten Ästlein Gottes Gnaden-Ruhm man binde!
Daß, so weit sein Güt sich strecket, werd auch seiner Ehr gedacht.

Du vor alles, Menschen-Volk, seiner Güte Einfluß-Ziele,
Aller Lieblichkeit Genießer, Abgrund, wo der Wunderfluß
Endet und zu Gut' verwendet seinen lieb-vergüldten Guß,

Gott mit Herz, Hand, Sinn und Stimm lobe, preise, dicht und spiele!
Laß vor Lieb- und Lobes-Gier Mut und Blut zu Kohlen werden,
Lege Lob und Dank darauf: Gott zum süßen Rauch auf Erden.

Über ein lustbringendes Regenlein

Der Regen schadet nichts, als daß er uns die Lust
Nur tausendmal verschönt und angenehmer machet.
Die Sonn nach hartem Strauß mit klaren Strahlen lachet.
Der Himmel säuget nur die Erd mit seiner Brust.

Er ist der Nektar-Trank, der lust-erweckend Must.
Er schläft die Sonne ein, daß sie nur frischer wachet.
Der kurz-verdeckte Schein mehr Gier und Zier ursachet;
Entziehung Wünschen mehrt, wie jedermann bewußt.

Er ist des Himmels Geist, der sich hell destillieret,
Der Balsam, der die Welt mit Blumen-Ruch erfüllt,
Wenn Gott der Wolken Glas zerbricht, mit Freuden quillt,

Als himmlische Tinktur mit Gold die Erden zieret.
Es ist der Segensaft aus Gottes Mund herfließet,
Des Wollust-Nutzbarkeit das ganze Land genießet!

Auf den Geistlichen-Wortes-Donner
im größten Donnerwetter im Garten

Du starker Donner-Gott! gib deinem Donner Kraft,
Dem Herz Durchdringungs-Wort, daß man die Geistes-
Blitze
Darauf erblick und fühl auch die Einschlagungs-Hitze,
Daß allen Herzen-Stolz es stracks danieder rafft!

Das Donner-Prastlen hat Bekehrungs-Eigenschaft,
Weil Gottes Gegenwart im Schrecken hat den Sitze.
Es ist voll Fruchtbarkeit dies schrecklich Luft-Geschütze;
So ist sein Eifer auch mit Gnaden-Kraft behaft.

Der Wunder-Strahl, sein Wort, verletzt der Seele Klingen,
Dem Leib die Scheiden nicht; das Stark ist nur sein Ziel;
Sein Geist-Subtiligkeit kann unvermerkt durchdringen.

Zuzeiten, durch den Schall zu fällen, ihm gefiel.
Behüt uns nur, o Gott! vor Wolken-Donnerschlägen;
Durch deine Wort-Streich wollst bekehrend uns erlegen!

Auf die ruhige Nacht-Zeit

Sternen-bunter Himmels-Thron
Und du Mond, der Nächte Kron!
Leuchtet, weil den Sonnen-Strahl
Uns benimmt der Erden-Ball.

Stillheit, der Gedanken Grab!
Stelle Sorg und Grämen ab.
Stille, stille still in mir
Alle Herzbewegungs-Gier!

Nun die Musik in der Luft
Schläft in hohler Bäume Kluft,
Ruht und kommet mir nicht für
In der Gott-Erhebungs-Gier.

Süßer Gottes-Gnaden-Saft,
Der auch schlafend Glück verschafft!
Fließe mir in Träumen ein,
Meiner Wohlfahrt Schein und Sein!

Schatten, Freund der Ruhigkeit!
Nacht, du Müh-Ergötzungs-Zeit!
Ihr sollt nie so dunkel sein,
Daß ihr blendt der Ehren Schein.

Und du, meiner Ruhe Ruh,
Herzen-Herrscher, komm herzu;
Sei du selbst mein Schlaf-Gemach;
Gib, daß ich dir schlafend wach.

Meine Augen, schließet euch,
Seid an Ruh-Gebärung reich!
Aber du, mein Geist, betracht,
Lobe Gott um Mitternacht!

Auf die fruchtbringende Herbst-Zeit

Freud-erfüllter, Früchte-bringer, vielbeglückter Jahres-Koch,
Grünung-, Blüh- und Zeitung-Ziel, werkbeseeltes Lust-
verlangen!
Lange Hoffnung ist in dir in die Tat-Erweisung gangen.
Ohne dich wird nur beschauet, aber nichts genossen noch.

Du Vollkommenheit der Zeiten! mache bald vollkommen
doch,
Was von Blüh- und Wachstums-Kraft halbes Leben schon
empfangen.
Deine Wirkung kann allein mit der Werk-Vollziehung
prangen.
Werter Zeiten-Schatz! ach! bringe jenes Blühen auch so
hoch,

Schütt aus deinem reichen Horn hochverhoffte Freuden-
Früchte.
Lieblich süßer Mund-Ergötzer! lab auch unsern Geist
zugleich,
So erhebt mit jenen er deiner Früchte Ruhm-Gerüchte.

Zeitig die verlangten Zeiten in dem Oberherrschungs-Reich.
Laß die Anlaß-Kerne schwarz, Schickungs-Äpfel saftig
werden
Daß man Gottes Gnaden-Frücht froh genießt und ißt auf
Erden.

Auf den Gott lob! vergehenden Winter

Der Winter ist schon tot und allbereits begraben.
Der Himmel gab ihm noch zum Übertau den Schnee,
Den nahm er in die Erd. Sein Grab-Schrift heißt: Vergeh!
Sein Glück ist, daß ihn nicht verzehren Schab noch Raben.

Sein Grabstein von Kristall ist noch ein Weil erhaben.
Doch, daß der Bösen ihr Gedächtnis nicht besteh,
Will Wahrheit, daß man hier ein klares Beispiel seh;
Daher verzehrt die Sonn den Stein und die Buchstaben.

Die Erde klagt ihn zwar in dunkelbrauner Farb;
Doch wird sie wieder bald zur Frühlings-Hochzeit schreiten.
Gar billig ists, daß der Verderber selbst verdarb.

Man wird ihn kürzlich aus mit Donner-Glocken läuten.
Mein und der ganzen Erd erz-ärgster Feind! wollt Gott,
Daß du hinfür müßt sein auf ewig-ewig tot!

Neu-Jahrs-Wunsch-Gedanken, als am heiligen Neu-Jahrs-Tag der Mond in Schützen gegangen

Ach! triff! ach! triff das Ziel, du himmlisches Absehen,
Du lieb-erhitzter Schütz, in meiner Glückes-Scheib!
Ich mein dein Ehr und Lob, daß ich es herrlich treib;
Laß es von meinem Mund wie Pfeil vom Bogen gehen!

Laß keinen Unglücks-Wind es von dem Zielflug wehen.
Gib, daß es sonnen-stet in seiner Kreis-Reis bleib.
Und wenn der Bogen schon zerspringt, mein schwacher Leib,
Acht ich es nicht, bleibt nur mein guter Vorsatz stehen.

Ach! heb an, auf das neu im neuen Jahr zu segnen,
Weil tausend neue Pfeil der Teufel ihm bereit.
Dreh ihm sie selbst ins Herz. Laß mir dafür begegnen

Der Gnad und Hilfe Heer, daß es mich stets geleit.
Laß wie auf Gedeons Fell auf mich dein Segnen regnen.
Mit neuer Hilf erschein in neuer Jahres Zeit.

Über die Unendlichkeit Gottes

Du ungeendter Gott, doch einiges End und Ziel
Des wunder-bunten Runds! das ganze Wesen gehet
Aus dir und auch in dich; in dir sein Ziel bestehet,
Der du, unzielbar selbst, hast doch damit dein Spiel.

Weil auch in mich ein Strahl zu schießen dir gefiel,
Von deinem Unursprung den Geist mir eingewehet,
So gib, daß er sich stets zu seinem Ziel erhöhet.
Laß sein Urwesen ihn aufziehen gar subtil.

Ach! gib ihm, wenn das End der Endlichkeit vorhanden,
Ich mein: des Erden-Teils, des Leibes: daß er sich
Recht schwing in seinen Punkt, entfreit von eitlen Banden,

Leb, wo von Ewigkeit er war auch ewiglich!
Zum Gegen-Ziel, zur Höll, laß ihn nicht sein entstanden!
Gib, daß dein Will, mein Heil, fortgeh und ich in dich.

ANNA LOUISA KARSCH
1722-1791

Belloisens Lebenslauf

Ich ward geboren ohne feierliche Bitte
Des Kirchspiels ohne Priesterflehn
Hab ich in strohbedeckter Hütte
Das erste Tageslicht gesehn,
Wuchs unter Lämmerchen und Tauben
Und Ziegen bis ins fünfte Jahr,
Und lernt' an einen Schöpfer glauben,
Weil's Morgenroth so lieblich war,
So grün der Wald, so bunt die Wiesen,
So klar und silberschön der Bach.
Die Lerche sang für Belloisen,
Und Belloise sang ihr nach.
Die Nachtigall in Elsensträuchen
Erhub ihr süßes Lied, und ich
Wünscht' ihr im Tone schon zu gleichen.
Hier fand ein alter Vetter mich
Und sagte: du sollst mit mir gehen.
Ich ging und lernte bald bei ihn
Die Bücher lesen und verstehen,
Die unsern Sinn zum Himmel ziehn.
Vier Sommer und vier Winter flogen
Zu sehr beflügelt uns vorbei;
Des Vetters Arm ward ich entzogen
Zu einer Bruderwiege neu.
Als ich den Bruder groß getragen,
Trieb ich drei Rinder auf die Flur,
Und pries in meinen Hirtentagen
Vergnügt die Schönheit der Natur,
Ward früh ins Ehejoch gespannet,
Trugs zweimal nach einander schwer,

Und hätte mich wol nichts ermannet,
Wenn's nicht den Musen eigen wär,
Im Unglück und in bittern Stunden
Dem beizustehn, der ihre Huld
Vor der Geburt schon hat empfunden.
Sie gaben mir Muth und Geduld,
Und lehreten mich Lieder dichten,
Mit kleinen Kindern auf dem Schooß.
Bei Weib- und Magd- und Mutterpflichten,
Bei manchem Kummer, schwer und groß,
Sang ich den König und die Schlachten,
Die Ihm und seiner Heldenschaar
Unsterblichgrüne Kränze brachten,
Und hatte noch manch saures Jahr,
Eh frei von andrer Pflichten Drang
Mir Tage wurden zu Gesang!

An den Dohmherrn von Rochow
als er gesagt hatte,
die Liebe müsse sie gelehret haben,
so schöne Verse zu machen

Kenner von dem saphischen Gesange!
Unter deinem weissen Ueberhange
Klopft ein Herze, voller Gluth in dir!
Von der Liebe ward es unterrichtet
Dieses Herze, aber ganz erdichtet
Nennst du sie die Lehrerin von mir!

Meine Jugend ward gedrückt von Sorgen,
Seufzend sang an manchem Sommermorgen
Meine Einfalt ihr gestammelt Lied;
Nicht dem Jüngling thöneten Gesänge,
Nein, dem Gott, der auf der Menschen Menge,
Wie auf Ameishaufen niedersieht!

Ohne Regung, die ich oft beschreibe,
Ohne Zärtlichkeit ward ich zum Weibe,
Ward zur Mutter! wie im wilden Krieg,
Unverliebt ein Mädchen werden müßte,
Die ein Krieger halb gezwungen küßte,
Der die Mauer einer Stadt erstieg.

Sing ich Lieder für der Liebe Kenner:
Dann denk ich den zärtlichsten der Männer,
Den ich immer wünschte, nie erhielt;
Keine Gattin küßte je getreuer,
Als ich in der Sapho sanftem Feuer
Lippen küßte, die ich nie gefühlt!

Was wir heftig lange wünschen müssen,
Und was wir nicht zu erhalten wissen,
Drückt sich tiefer unserm Herzen ein;
Rebensaft verschwendet der Gesunde,
Und erquickend schmeckt des Kranken Munde
Auch im Traum der ungetrunkne Wein.

An die
Königl. Hof-Bauadministration
wegen
ein paar geschenkter eiserner Spahröfen
1791

Verzeihung von der Königlichen
Administration, bitt ich,
Weil mancher Tag schon fortgewichen,
Und auch des Winters Länge sich
So nach und nach hinweg geschlichen,
Eh die dankbare Karschin sich
Mit großem Dank hat abgefunden
Für ein paar Oefchen, ihr geschenkt.
Sie zählte gar viel kranke Stunden,
War halb schon aus der Welt gelenkt
In andre nicht bekannte Welten,
Wo man Bestrafung und Vergelten
Für gut' und böse That empfängt –
Wär nicht mein Geist von seiner Stärke,
Er wäre längst hinweggedrängt,
Denn schwach sind nur die Außenwerke,
Sie werden wahrlich keinen Schmaus
Für irgend einen Grabwurm geben,
Man trägt nur Haut und Bein ins finstre Leichenhaus.
Ich denk es ohne grauses Beben.
Warum sollt ich betrübt ein Achgeschrey erheben
Beim Anblick meines Bleichgesichts?
Kalt ist das Grab, davon empfindet nichts
Das Wesen, welches in mir denket,
Sein Feuer widersprichts –
Und daß sich's dermaleinst an Lethens Ufer tränket;
Dies glaube wer da mag und kann,
Ich nehme diesen Wahn nicht an,
Weil ich durchaus nicht will vergessen,

Was mir hienieden Guts geschehn;
Weil ich auch dort noch will ermessen,
Welch Auge mich hier gern gesehn,
Und welche Hand mirs leichter machte
Zu wallen auf dem Lebenspfad,
Wo oft mein Fuß auf Dornen trat –
Selbst da der beste König dachte.
Daß meine Laufbahn bis ans Ziel,
Nun Rosen ohne Dornen brachte,
Denn so befahls Sein Königlich Gefühl –
Wie der Befehl ward ausgerichtet,
Ist Jedermann zur Augenschau,
Der auf der neuen Brücke Bau
Die Sphinx betrachtet, die erdichtet
Von großen Fabeldichtern ward.
Er darf nur rechter Hand sich drehen,
Da wird er mit Verwundrungsart
Das Eckchen meines Hauses sehen –
Das ein recht hochgewachsner Mann,
Wie weiland Potsdams Gardemänner,
Mit seinem Arm umspannen kann.
Indessen lad' ich meine Gönner
Und Gönnerinnen freundlich ein,
Nicht auf sechs Schüsseln, nicht auf Wein:
Nein, meine Wohnung nur zu schauen,
Lad ich Sie ein,
Und kann's Euch schwören mit Vertrauen,
Daß ihre Niedlichkeit Sie reizt,
So wahr mit wenig Glut das Eisenöfchen heizt.

Nachmittags den 23. Mai 1790

Es träufelt so lieblich vom Himmel herab,
Korn, Weizen und saftige Trauben.
Wer wollte sich wünschen ins finstere Grab ...
Mir ging es oft übel hinieden,
Oft wurden verwundet auf dornichter Bahn
Die Füße, die endlich ermüden.
Und niemals fiel mirs im Traume nur ein,
Vom angewiesenen Posten
Mich eigenmächtig und schnell zu befreyn.
Ich mußte viel Bitternis kosten
Und muß es noch immer und hasse doch nicht
Dies alte beschwerliche Leben,
Mir lächelt noch immer das herrliche Licht
Vom Sternengewimmel umgeben.
Mir glänzet die Sonne des Morgens noch schön,
Auch seh ich aus meinem Gehäuse
Des Abends im Purpurgewande sie gehn,
Damit sie die Länder bereise,
Die nächtlich geruht und geschlafen wie wir ...

(Aus einem Brief an Gleim)

An Gott
als sie bey hellem Mondschein erwachte

Wenn ich erwache, denk ich dein!
Du Gott! der Tag und Nacht entscheidet,
Und in der Nacht mit Sonnenschein
den finstern Mond bekleidet.

Er leuchtet königlich daher,
Aus hoher, ungemeßner Ferne,
Und ungezählt, wie Sand am Meer,
Stehn um ihn her die Sterne.

Welch eine Pracht verbreitet sich!
Die Dunkelheit geschmückt mit Lichte
Sieht auf uns nieder, nennet dich
Mit Glanz im Angesichte.

Du Sonnenschöpfer! wie so groß
Bist du im kleinsten Stern dort oben!

Wie unaussprechlich nahmenlos!
Die Morgensterne loben

Dich mit einander in ein Chor
Geschlossen, wie zu jener Stunde,
Da aus dem Chaos tief hervor
Ein Wort aus deinem Munde

Allmächtig diese Welten rief,
Am Firmament herum gesetzet.
Du sprachst, das Rad der Dinge lief,
Und läuft noch unverletzet.

Noch voller Jugend glänzen sie
Da schon Jahrtausende vergangen!
Der Zeiten Wechsel raubet nie
Das Licht von ihren Wangen.

Hier aber unter ihrem Blick
Vergeht, verfliegt, veraltet alles.
Dem Thronenpomp, dem Cronenglück
Droht eine Zeit des Falles!

Der Mensch verblüht wie prächtig Gras,
Sein Ansehn wird der Zeit zum Raube.
Der Weise, der in Sternen las,
Liegt schon gestreckt im Staube!

Ich lese, grosser Schöpfer! dich
Des Nachts in Büchern, aufgeschlagen
Von deiner Hand. O lehre mich
Nach deinem Lichte fragen!

Sey meiner Seele Klarheit, du
Regierer der entstandnen Sterne!
Und blicke meinem Herzen zu,
Daß es dich kennen lerne!

Das Lob des Essens
An Quintus Icilius
1764

Das Lob des Rebensaftes ward
Von keinem Dichter je vergessen,
Doch keiner sang mit gleicher Art
  Das Lob vom guten Essen.

O, wenn wir von dem Hunger stark
Getrieben sind zum vollen Tische,
Erregt alsdann des Rindes Mark,
  Der Krustkern, und die Fische,

Das Feldhuhn, oder von dem Reh
Der wohlgebratne zarte Rücken,
Und selbst der Hummer aus der See,
  Dem Gaumen kein Entzücken?

Wie? wäre nicht aus Calekut
Der Hahn, und eines Hammels Lende
So liederwerth, als Traubenblut,
  Das ich vortrefflich fände?

Sprich, Quintus! wenn Du müd und matt
Ins Lager kamst von Kriegesthaten,
Wie reizte Dich das Schulterblatt
  Des Ebers frisch gebraten!

Mit welcher Wollust des Geschmacks
Verzehrtest Du, statt der Melonen
Und Pfirsichen, den trocknen Lachs
  Beträufelt von Citronen!

Und wenn Dir noch anjezt Cothen
Nichts darf verbieten, nichts befehlen,
Siehst Du mit Lust die Schüsseln stehn
　Und lobst sie vor Pokalen.

Versuch einer Danksagung an König Friedrich Wilhelm den Vielgeliebten
Im Februar 1787

Monarch und Schöpfer eines Glücks,
Das meinem Alter Blumen streuet,
Ich habe nur im Ausdruck meines Blicks
Die Sprache, die kein Wörterbuch verleihet,
Nur Thränen hab' ich, statt des Tons,
Wenn ich Dir danken will, Dir Schutzgott
auf der Höhe
Des landesväterlichen Throns –

Ich fühl's, daß ich auf Rosen gehe,
Auf Rosen schlummre leicht und süß,
Seitdem Dein Wöllner mir's verkündet,
Was ihm sein König hieß:
Ein Haus, ein Haus wird mir gegründet,
Wird aufgebauet, wird geschmückt,
Als wär's ein Tempelchen der Musen –

O wenn's mein Auge nun erblickt,
Dann wird mein abgelebter Busen
Zu enge für des Herzens Drang,
Es flammt bei dieser Augenweide
Vielleicht nur Tage lang,
Wird wonnekrank
Und stirbt den schönen Tod der Freude
Sein letzter Schlag ist Dank!

SOPHIE MEREAU
1770-1806

Licht und Schatten

Wenn sich der Äther erhebt in hoher heiliger Klarheit,
wenn sich ein fließendes Gold über die Erde ergießt,
und vor dem strahlenden Gott die Schatten leise zerrinnen,
freu't sich der blendende Glanz und das allmächtige Licht.
Aber bezaubernder, Freund, erscheint dir die liebliche Gegend –
denn dich freut der Contrast und der gemäßigte Glanz –
wenn die Wolke sich hebt und wechselnd auf Thäler und Dörfchen,
Tannenwälder und Seen dunkle Schattirungen streut,
oder der silberne Mond am Berge freundlich hervorsteigt,
und der Schatten des Berg's tief in die Thäler sich senkt.
O, wie die Höhen sich dann in heiligem Schimmer verklären;
wie das erfreuliche Licht heller den Schatten besäumt! –
Und doch klagtest du jüngst, dein trauriges Schicksal beweinend,
wie des Lebens Gefild' oft, ach! so dunkel dir sey;
wie auf der Stellen geliebtester dämmernd ein Schatten sich lagre,
oft, nach dem lieblichsten Tag, schwarz dich umgebe die Nacht.
Wechsel vergnügt dein Gemüth; es freuet der Wechsel uns alle:
freue dich, Glücklicher, doch, daß du nicht glücklicher bist.

Schwärmerey

Wirst du mir stets den Seraphsfittig leihen,
du nektartrunkne, süße Schwärmerey?
Du wirst es nicht. – Verglimmen und zerrinnen
wird deine Gluth vor den getrübten Sinnen;
dein Wahnsinn bleibt dem kühlern Blut nicht treu.

Dies Saitenspiel, das rings mit Harmonieen
die ganze Erde magisch übergoß,
verrauscht und schweigt; die Phantasie verblühet,
der Lenz erbleicht, der Freude Gluth versprühet,
– ein Einz'ges nur bleibt ewig wechsellos!

Was nur allein des Zufalls Laune trotzet,
die schöne Blüthe reiner Menschlichkeit,
das uns allein zu freyen Wesen gründet,
woran allein sich unsre Würde bindet,
dies höchste Gut, es heißt – Selbstständigkeit.

Feuerfarb

Ich weiß eine Farbe, der bin ich so hold,
die achte ich höher als Silber und Gold,
die trag' ich so gerne um Stirn und Gewand,
und habe sie Farbe der Wahrheit genannt.

Wohl reizet die Rose mit sanfter Gewalt;
doch bald ist verblichen die süße Gestalt:
drum ward sie zur Blume der Liebe geweiht;
bald schwindet ihr Zauber vom Hauche der Zeit.

Die Bläue des Himmels strahlt herrlich und mild;
drum gab man der Treue dies freundliche Bild.
Doch trübet manch Wölkchen den Äther so rein;
so schleichen beim Treuen oft Sorgen sich ein.

Die Farbe des Schnees, so strahlend und licht,
heißt Farbe der Unschuld; doch dauert sie nicht.
Bald ist es verdunkelt, das blendende Kleid:
so trüben auch Unschuld Verläumdung und Neid.

Und Frühlings, von schmeichelnden Lüftchen entbrannt,
trägt Wäldchen und Wiese der Hoffnung Gewand.
Bald welken die Blätter und sinken hinab:
so sinkt oft der Hoffnungen liebste in's Grab.

Nur Wahrheit bleibt ewig, und wandelt sich nicht:
sie flammt wie der Sonne allleuchtendes Licht.
Ihr hab' ich mich ewig zu eigen geweiht.
Wohl dem, der ihr blitzendes Auge nicht scheut!

Warum ich, so fragt ihr, der Farbe so hold,
den heiligen Namen der Wahrheit gezollt? –
Weil flammender Schimmer von ihr sich ergießt,
und ruhige Dauer sie schützend umschließt.

Ihr schadet der nässende Regenguß nicht,
noch bleicht sie der Sonne verzehrendes Licht;
drum trag' ich so gern sie um Stirn und Gewand,
und habe sie Farbe der Wahrheit genannt.

Psyche an Amor

Wo schwand er hin, der seligste der Träume,
das höchste Ziel der innigsten Begier?
Die Sehnsucht schwingt sich in des Äthers Räume;
doch, ach! verbannt, gefesselt schmacht' ich hier!

Es wär' auf ewig mir dahin geschwunden
das Land der Himmlischen, der Ätherhain
der Harmonie? Hienieden festgebunden,
blieb' eine Ewigkeit dies Herz allein?

Einst, als ich unter Blumen hier erwachte,
umleuchtet von der Hoffnung mildem Stern,
bewegt der neuen Welt entgegen lachte,
schien Amor, der Geliebte, mir nicht fern.

Du athmetest in milden Frühlingslüften;
dein Auge sprach im Sternenglanz zu mir,
und jeder süße Ton in Thal und Lüften
war mir ein holder Liebeslaut von dir.

Bald schwand der schöne Wahn, wie Nebelsterne
in dunkeln Nächten, und mein Herz blieb leer,
und brennend flog die Sehnsucht in die Ferne,
und ahndete dich über Berg und Meer.

Da trat ein holdes Wesen mir entgegen,
voll Himmels-Ahndung; eine neue Lust
durchflog mein Herz mit ungewohnten Schlägen,
und süßes Weh durchschauerte die Brust.

Ich fühlte unsrer Liebe Seligkeiten,
wie Himmelslüfte, freundlich um mich wehn;
verloren in der Ahndung Trunkenheiten,
vermeint' ich dich, mein Ideal, zu sehn.

Der Welt entrückt, im seligsten Entzücken,
vermißt' ich deinen Himmel selbst nicht mehr;
Verklärung strahlte aus des Lieblings Blicken,
und Ätherrosen blühten um mich her.

Doch, ach! der Unbestand der Menschenherzen
erträgt es nicht, das allzuhohe Glück!
Zur Asche brannten die geweihten Kerzen:
die Liebe wich; die Sehnsucht blieb zurück.

Und wiederum für neue Qual geboren,
die Freude hassend, mit mir selbst entzweit,
durchflog die Welt mein Wunsch – was ich verloren,
ersetzte keine Erdenseligkeit.

Du warst es, du, dem beym Genuß des Schönen,
im innigsten Zusammenklang,
bey jeder Kunst, gelehrt von Göttersöhnen,
sich meine Seele froh entgegen schwang.

Dem in des Mitgefühles leisen Wogen,
in Freundesblick voll zarter Sympathie,
die reinen Triebe frey entgegenflogen;
doch ganz befriedigt ward die Sehnsucht nie.

Und nimmer schweigt das liebende Verlangen,
dich wiederum in der Vollkommenheit
unwandelbarem Schimmer zu umfangen,
wie einst in jenem Traum voll Seligkeit.

Du, Himmlischer! den keine Worte nennen,
der Ahndung zarten Sinnen nur bekannt!
soll ewig ungestillt die Sehnsucht brennen?
bleibt stets von dir die Liebende verbannt?

Wer naht mir hier? von mildem Sternenglanze
– ein überirdisch Wesen – sanft erfüllt,
die Fackel still gesenkt, und im Zypressenkranze
die göttlich reine Stirn halb eingehüllt.

Es winkt mir hin nach jenen dunkeln Gründen,
ein wunderbarer Schauer faßt mich – ach!
ich folge – soll ich dort die Ruhe finden? –
vertrauungsvoll dem stillen Engel nach!

Doch leise regt er jetzt die düstern Schwingen,
und rings aus ihnen sproßt ein milder Glanz
wie Morgenroth, und Ätherrosen dringen
aus dem erheiterten Zypressenkranz.

Er ist es, Er, der Göttliche! auf immer
nun wieder mein! und neue Wonne füllt
das Herz! – So wird beym letzten Lebensschimmer
die Sehnsucht, die unendliche, gestillt?

Wir schweben auf in reinere Gefilde;
der Erd' entrückt, von keinem Wunsch getrübt,
umfängt mich jenes Äthers Frühlingsmilde,
und ich bin ewig liebend und geliebt!

Das Kind

Duftende Blüthen aus freundlicher Höh'
säuseln hernieder wie glänzender Schnee;
sieh, wie die Schwalbe mit silberner Brust
fliegt an dem Teiche voll spielender Lust!

Schon sind am Wege die Büsche belaubt,
Vögelchen singen, es summt mir ums Haupt
freundlich der Käfer, und dort durch das Grün
rauschte die bunte Libelle dahin.

Welche Gerüche! woher? O, gewiß
find' ich Violen; sie düften so süß!
Sieh, wie sie blühen! Geschwind, o! geschwind
Kränze, bekränze das fröhliche Kind!

Die Nachtigall

Kalt ist der Morgen und trüb', es tönt durch die bebenden Zweige
nur der Nachtigall Lied mild in dem brausenden Sturm;
wunderbar lauschet der Hain: so tönt durch die Stürme des Lebens
nur der Liebe Accent, alles verklärend, hindurch.

Der Beständige

Einmal lieb' ich, und Einmal leb' ich, unsterbliche Götter!
Wenn ihr das Eine mir raubt, nehmt auch das Andre dahin!

KAROLINE VON GÜNDERODE
1780-1806

Überall Liebe

Kann ich im Herzen heiße Wünsche tragen?
Dabei des Lebens Blütenkränze sehn,
Und unbekränzt daran vorüber gehn
Und muß ich traurend nicht in mir verzagen?

Soll frevelnd ich dem liebsten Wunsch entsagen?
Soll mutig ich zum Schattenreiche gehn?
Um andre Freuden andre Götter flehn,
Nach neuen Wonnen bei den Toten fragen?

Ich stieg hinab, doch auch in Plutons Reichen,
Im Schoß der Nächte, brennt der Liebe Glut
Daß sehnend Schatten sich zu Schatten neigen.

Verloren ist wen Liebe nicht beglücket,
Und stieg er auch hinab zur styg'schen Flut,
Im Glanz der Himmel blieb er unentzücket.

Hochrot

Du innig Rot,
Bis an den Tod
Soll meine Lieb Dir gleichen,
Soll nimmer bleichen,
Bis an den Tod,
Du glühend Rot,
Soll sie Dir gleichen.

Liebe

O reiche Armut! Gebend, seliges Empfangen!
In Zagheit Mut! in Freiheit doch gefangen.
  In Stummheit Sprache,
  Schüchtern bei Tage,
  Siegend mit zaghaftem Bangen.

Lebendiger Tod, im Einen sel'ges Leben
Schwelgend in Not, im Widerstand ergeben,
  Genießend schmachten,
  Nie satt betrachten
  Leben im Traum und doppelt Leben.

Vorzeit, und neue Zeit

Ein schmaler rauher Pfad schien sonst die Erde.
Und auf den Bergen glänzt der Himmel über ihr,
Ein Abgrund ihr zur Seite war die Hölle,
Und Pfade führten in den Himmel und zur Hölle.

Doch alles ist ganz anders nun geworden,
Der Himmel ist gestürzt, der Abgrund ausgefüllt,
Und mit Vernunft bedeckt, und sehr bequem zum Gehen.

Des Glaubens Höhen sind nun demolieret.
Und auf der flachen Erde schreitet der Verstand,
Und misset alles aus, nach Klafter und nach Schuhen.

Ist alles stumm und leer;
Nichts macht mir Freude mehr;
Düfte, sie düften nicht,
Lüfte, sie lüften nicht;
Mein Herz ist so schwer!

Ist Alles öd' und hin;
Bange mein Herz und Sinn;
Möchte, nicht weiß ich, was;
Treibt mich ohn' Unterlaß,
Weiß nicht, wohin!

Ein Bild von Meisterhand
Hat mir den Sinn gebannt;
Seit ich das holde sah,
Ist's fern und ewig nah,
Mir anverwandt.

Ein Klang im Herzen ruht,
Der noch erquickt den Mut,
Wie Flötenhauch ein Wort,
Tönet noch leise fort,
Stillt Tränenflut.

Frühlinges Blumen treu
Kommen zurück aufs neu;
Nicht so der Liebe Glück,
Ach, es kommt nicht zurück –
Schön, doch nicht treu!

Kann Lieb' so unlieb sein,
Von mir so fern, was mein?
Kann Lust so schmerzlich sein,
Untreu so herzlich sein?
O Wonn' , o Pein!

Phönix der Lieblichkeit,
Dich trägt dein Fittig weit
Hin zu der Sonne Strahl,
Ach was ist dir zumal
Mein einsam Leid!

Die Bande der Liebe

Ach! mein Geliebter ist tot! er wandelt im Lande der Schatten
Sterne leuchten ihm nicht, ihm erglänzet kein Tag
Und ihm schweigt die Geschichte; das Schicksal der Zeiten
Gehet den mächtigen Gang, doch ihn erwecket es nicht;
Alles starb ihm mit ihm, mir ist er doch nicht gestorben
Denn ein ewiges Band eint mir noch immer den Freund.
Liebe heißet dies Band, das an den Tag mir geknüpft
Hat die erebische Nacht, Tod mit dem Leben vereint.
Ja ich kenne ein Land, wo Tote zu Lebenden reden,
Wo sie, dem Orkus entflohn, wieder sich freuen des Lichts,
Wo von Erinn'rung erweckt, sie auferstehn von den Toten
Wo ein irdisches Licht glühet im Leichengewand.
Seliges Land der Träume! wo, mit Lebendigen, Tote
Wandeln, im Dämmerschein, freuen des Daseins sich noch.
Dort, in dem glücklichen Land, begegnet mir wieder der Teure
Freuet, der Liebe, sich meiner Umarmungen noch;
Und ich hauche die Kraft der Jugend dann in den Schatten,
Daß ein lebendig Rot wieder die Wange ihm färbt,
Daß die erstarreten Pulse vom warmen Hauche sich regen,
Und der Liebe Gefühl wieder den Busen ihm hebt.
Darum fraget nicht, Gespielen! was ich so bebe?
Warum das rosigte Rot löscht ein ertötendes Blaß?
Teil ich mein Leben doch mit unterirdischen Schatten,
Meiner Jugend Kraft schlürfen sie gierig mir aus.

Einstens lebt ich süsses Leben,
denn mir war, als sei ich plötzlich
nur ein duftiges Gewölke.
Über mir war nichts zu schauen
als ein tiefes blaues Meer
und ich schiffte auf den Wogen
dieses Meeres leicht umher.
Lustig in des Himmels Lüften
gaukelt ich den ganzen Tag,
lagerte dann froh und gaukelnd
hin mich um den Rand der Erde,
als sie sich der Sonne Armen
dampfend und voll Glut entriß,
sich zu baden in nächtlicher Kühle,
sich zu erlaben im Abendwind.
Da umarmte mich die Sonne,
von des Scheidens Weh ergriffen,
und die schönen hellen Strahlen
liebten all und küßten mich.
Farbige Lichter
stiegen hernieder,
hüpfend und spielend,
wiegend auf Lüften
duftige Glieder.
Ihre Gewande
Purpur und Golden
und wie des Feuers
tiefere Gluten.
Aber sie wurden
blässer und blässer,
bleicher die Wangen,
sterbend die Augen.

Plötzlich verschwanden
mir die Gespielen,
und als ich traurend
nach ihnen blickte,
sah ich den großen
eilenden Schatten,
der sie verfolgte,
sie zu erhaschen.
Tief noch im Westen
sah ich den goldnen
Saum der Gewänder.
Da erhub ich kleine Schwingen,
flatterte bald hie bald dort hin,
freute mich des leichten Lebens,
ruhend in dem klaren Äther.
Sah jetzt in dem heilig tiefen
unnennbaren Raum der Himmel
wunderseltsame Gebilde
und Gestalten sich bewegen.
Ewige Götter
saßen auf Thronen
glänzender Sterne,
schauten einander
selig und lächelnd.
Tönende Schilde,
klingende Speere
huben gewaltige,
streitende Helden;
Vor ihnen flohen
gewaltige Tiere,
andre umwanden
in breiten Ringen
Erde und Himmel,
selbst sich verfolgend
ewig im Kreise.

Blühend voll Anmut
unter den Rohen
stand eine Jungfrau,
Alle beherrschend.
Liebliche Kinder
spielten inmitten
giftiger Schlangen. –
Hin zu den Kindern
wollt ich nun flattern,
mit ihnen spielen
und auch der Jungfrau
Sohle dann küssen.
Und es hielt ein tiefes Sehnen
in mir selber mich gefangen.
Und mir war, als hab ich einstens
mich von einem süßen Leibe
los gerissen, und nun blute
erst die Wunde alter Schmerzen.
Und ich wandte mich zur Erde,
wie sie süß im trunknen Schlafe
sich im Arm des Himmels wiegte.
Leis erklungen nun die Sterne,
nicht die schöne Braut zu wecken,
und des Himmels Lüfte spielten
leise um die zarte Brust.
Da ward mir, als sei ich entsprungen
dem innersten Leben der Mutter,
und habe getaumelt
in den Räumen des Äthers,
ein irrendes Kind.
Ich mußte weinen,
rinnend in Tränen
sank ich hinab zu dem
Schoße der Mutter.

Farbige Kelche
duftender Blumen
faßten die Tränen,
und ich durchdrang sie,
alle die Kelche,
rieselte abwärts
hin durch die Blumen,
tiefer und tiefer,
bis zu dem Schoße
hin, der verhüllten
Quelle des Lebens.

Die Einzige

Wie ist ganz mein Sinn befangen,
Einer, Einer anzuhangen;
Diese Eine zu umfangen
Treibt mich einzig nur Verlangen;
Freude kann mir nur gewähren,
Heimlich diesen Wunsch zu nähren,
Mich in Träumen zu betören,
Mich in Sehnen zu verzehren,
Was mich tötet zu gebären.

Widerstand will mir nicht frommen,
Fliehen muß ich neu zu kommen,
Zürnen nur, mich zu versöhnen,
Kann mich Ihrer nicht entwöhnen,
Muß im lauten Jubel stöhnen;
In den Becher fallen Tränen,
Ich versink in träumrisch Wähnen;
Höre nicht der Töne Reigen,
Wie sie auf und nieder steigen,

Wogend schwellen Well' in Welle;
Sehe nicht der Farben Helle
Strömen aus des Lichtes Quelle.
Mich begrüßen Frühlingslüfte,
Küssen leise Blumendüfte,
Doch das all ist mir verloren,
Ist für mich wie nicht geboren,
Denn mein Geist ist eng umfangen
Von dem einzigen Verlangen
Eine, Eine zu erlangen.

Hungrig in der Zahl der Gäste
Sitz ich bei dem Freudenfeste,
Das Natur der Erde spendet;
Frage heimlich ob's bald endet?
Ob ich aus der Gäste Reigen
Dürf' dem eklen Mahl entweichen,
Das verschwendrisch Andre nähret:
Mir nicht einen Wunsch gewähret?
Eines nur mein Sinn begehret,
Eine Sehnsucht mich verzehret;
Eng ist meine Welt befangen,
Nur vom einzigen Verlangen
Was ich liebe zu erlangen.

Die eine Klage

Wer die tiefste aller Wunden
Hat in Geist und Sinn empfunden
Bittrer Trennung Schmerz;
Wer geliebt was er verloren,
Lassen muß was er erkoren,
Das geliebte Herz,

Der versteht in Lust die Tränen
Und der Liebe ewig Sehnen
Eins in Zwei zu sein,
Eins im Andern sich zu finden,
Daß der Zweiheit Grenzen schwinden
Und des Daseins Pein.

Wer so ganz in Herz und Sinnen
Konnt' ein Wesen liebgewinnen
O! den tröstet's nicht
Daß für Freuden, die verloren,
Neue werden neu geboren:
Jene sind's doch nicht.

Das geliebte, süße Leben,
Dieses Nehmen und dies Geben,
Wort und Sinn und Blick,
Dieses Suchen und dies Finden,
Dieses Denken und Empfinden
Gibt kein Gott zurück.

Einer nur und Einer dienen
Das ermüdet meine Seele.
Rosen nur und immer Rosen –
Andere Blumen blühen noch bunter;
Wie die Bienen will ich schwärmen
Mich in Trauben Glut berauschen,
In der Lilie Weiß mich kühlen,
Ruhen in der Nacht der Büsche.

. . . .

Wehe, wer mit engem Sinne
Einem, nur sich Einem weihet:
Schmachvoll rächt sich an dem Armen
Alles was er streng verschmähet!
Nicht zur Heimat wird die Weite,
Ungestaltet in die Ferne,
Aufgelöst in leeres Sehnen
Wird der Inhalt so des Lebens.
Schön ist was sich grenzt und g'nüget,
Treu um eines sich beweget
An dem Einen sich erneuet,
Wie des Pulses rege Schläge
Stets sich um das Herz bewegen,
Stets zum Herzen wiederkehren
Stets am Herzen sich erneuen
Sich an seiner Glut entzünden …

Seh' ich das Spätrot, o Freund, tiefer erröten im Westen,
Ernsthaft lächlend, voll Wehmut lächlend und traurig verglimmen,
O dann muß ich es fragen, warum es so trüb wird und dunkel,
Aber es schweiget und weint perlenden Tau auf mich nieder.

Liebst du das Dunkel
Tauigter Nächte
Graut dir der Morgen
Starrst du ins Spatrot
Seufzest beim Mahle
Stößest den Becher
Weg von den Lippen
Liebst du nicht Jagdlust
Reizet dich Ruhm nicht
Schlachtengetümmel
Welken dir Blumen
Schneller am Busen
Als sie sonst welkten
Drängt sich das Blut dir
Pochend zum Herzen.

MARIANNE WILLEMER
1784-1860

ZU DEN KLEINEN ZÄHL ICH MICH,
Liebe Kleine nennst Du mich.
Willst Du immer so mich heißen,
Werd ich stets mich glücklich preisen,
Bleibe gern mein Leben lang
Lang wie breit und breit wie lang.

Als den Größten kennt man Dich,
Als den Besten ehrt man Dich,
Sieht man Dich, muß man Dich lieben,
Wärst Du nur bei uns geblieben,
Ohne Dich scheint uns die Zeit
Breit wie lang und lang wie breit.

Ins Gedächtnis prägt ich Dich,
In dem Herzen trag ich Dich,
Nun möcht ich der Gnade Gaben
Auch noch gern im Stammbuch haben,
Wärs auch nur den alten Sang:
Lang wie breit und breit wie lang.

Doch in Demut schweige ich,
Des Gedichts erbarme Dich,
Geh o Herr nicht ins Gerichte
Mit dem ungereimten Wichte,
Find es aus Barmherzigkeit
Breit wie lang und lang wie breit.

Erste Silbe

Der Erde schenk' ich tiefen Frieden,
Breit' ich den weiten Mantel aus.
Ein luftig Haus steht mir im Süden,
Im Norden steht mein festes Haus.

Ergreifend ist mein stilles Schweigen,
Entzückend ist mein stilles Licht,
Ein falscher Schein soll mich verscheuchen,
Vertreiben kann er doch mich nicht.

Oft flieht der Schlaf in meiner Nähe,
Oft bring' ich Müden Trost und Ruh',
Oft schärf' ich peinlich Leid und Wehe,
Oft drück' ich wunde Augen zu.

Mein Reich hat viele Untertanen
Vom Vogel bis zum Schmetterling,
Die wandeln still auf meinen Bahnen,
Die ich auf Lebenszeit umfing.

Heut bin ich leise weggeschlichen,
Ich wiegte dich in süßen Traum,
Dir wohlzutun bin ich entwichen
Und lasse andern Freunden Raum.

Zweite Silbe

Im Zimmer bin ich comfortable
Und häufig nur ein einzig Blatt;
Im Land der Gluten und der Nebel
Ist wohl kein Haus, das mich nicht hat.

Befriedigend ist meine Größe
Und niedlich meine Kleinigkeit,
Man deckt oft meine schöne Blöße
Mit einem noch viel schönern Kleid.

Oft fürcht' ich unter Last zu brechen,
Oft bin ich leider völlig leer,
Oft bin ich ausgewählt zum Zechen,
Oft von zu vielem Gelde schwer.

Mein Reich hat viele Untertanen,
Mich sucht die Faulheit und der Fleiß,
Die wandeln still um meine Bahnen,
Die ich zu interessieren weiß.

Heut wagt' ich leise herzuschleichen
Und folgte still der Ersten nach.
Das Ganze scheint mir zwar zu gleichen,
Doch ist es freilich mir zur Schmach.

Nur um in deiner Näh' zu weilen
Verstand ich mich zu dem Verein.
Wir wollen uns auch gleich zerteilen,
Wenn wir, geteilt, dich mehr erfreu'n.

Das Heidelberger Schloß den 28. Juli abends 7 Uhr

Euch grüß ich weite, lichtumfloßne Räume,
Dich alten reichbekränzten Fürstenbau,
Euch grüß ich hohe, dichtumlaubte Bäume,
Und über euch des Himmels tiefes Blau.

Wohin den Blick das Auge forschend wendet
In diesem blütenreichen Friedensraum,
Wird mir ein leiser Liebesgruß gesendet
Aus meines Lebens freudevollstem Traum.

An der Terrasse hohem Berggeländer
War eine Zeit sein Kommen und sein Gehn,
Die Zeichen, treuer Neigung Unterpfänder,
Sie sucht ich, und ich kann sie nicht erspähn.

Dort jenes Baumsblatt, das aus fernem Osten
Dem *westöstlichen* Garten anvertraut,
Gibt mir geheimnisvollen Sinn zu kosten
Woran sich fromm die Liebende erbaut.

Durch jene Halle trat der hohe Norden
Bedrohlich unserm friedlichen Geschick;
Die rauhe Nähe kriegerischer Horden
Betrog uns um den flüchtgen Augenblick.

Dem kühlen Brunnen, wo die klare Quelle
Um grünbekränzte Marmorstufen rauscht,
Entquillt nicht leiser, rascher, Well auf Welle,
Als Blick um Blick, und Wort um Wort sich tauscht.

O! schließt euch nun ihr müden Augenlider.
Im Dämmerlichte jener schönen Zeit
Umtönen mich des Freundes hohe Lieder,
Zur Gegenwart wird die Vergangenheit.

Aus Sonnenstrahlen webt ihr Abendlüfte
Ein goldnes Netz um diesen Zauberort,
Berauscht mich, nehmt mich hin ihr Blumendüfte,
Gebannt durch eure Macht kann ich nicht fort.

Schließt euch um mich ihr unsichtbaren Schranken
Im Zauberkreis der magisch mich umgibt,
Versenkt euch willig Sinne und Gedanken,
Hier war ich glücklich, liebend und geliebt.

Was bedeutet die Bewegung?
Bringt der Ostwind frohe Kunde?
Seiner Schwingen frische Regung
Kühlt des Herzens tiefe Wunde.

Kosend spielt er mit dem Staube,
Jagt ihn auf in leichten Wölkchen,
Treibt zur sichern Rebenlaube
Der Insekten frohes Völkchen.

Lindert sanft der Sonne Glühen,
Kühlt auch mir die heißen Wangen,
Küßt die Reben noch im Fliehen
Die auf Feld und Hügel prangen.

Und mich soll sein leises Flüstern
Von dem Freunde lieblich grüßen,
Eh noch diese Hügel düstern
Sitz ich still zu seinen Füßen.

Und du magst nun weiter ziehen,
Diene Frohen und Betrübten,
Dort wo hohe Mauern glühen
Finde ich den Vielgeliebten.

Ach, die wahre Herzenskunde,
Liebeshauch, erfrischtes Leben
Wird mir nur aus seinem Munde,
Kann mir nur sein Athem geben.

Ach um deine feuchten Schwingen
West wie sehr ich dich beneide,
Denn du kannst ihm Kunde bringen,
Was ich durch die Trennung leide.

Die Bewegung deiner Flügel
Weckt im Busen stilles Sehnen,
Blumen, Augen, Wald und Hügel
Stehn bei deinem Hauch in Thränen.

Doch dein mildes sanftes Wehen
Kühlt die wunden Augenlider;
Ach, für Leid müßt ich vergehen,
Hofft ich nicht, wir sehn uns wieder.

Geh denn hin zu meinem Lieben,
Spreche sanft zu seinem Herzen,
Doch vermeid ihn zu betrüben
Und verschweig ihm meine Schmerzen.

Sag ihm nur, doch sags bescheiden,
Seine Liebe sei mein Leben,
Freudiges Gefühl von beiden
Wird mir seine Nähe geben.

BETTINA VON ARNIM
1785-1859

Seelied

Es schien der Mond gar helle,
Die Sterne blinkten klar,
Es schliefen tief die Wellen,
Das Meer ganz stille war.

Ein Schifflein lag vor Anker,
Ein Schiffer trat herfür:
Ach wenn doch all mein Leiden
Hier tief versunken wär'.

Mein Schifflein liegt vor Anker,
Hat keine Ladung drin,
Ich lad' ihm auf mein Leiden
Und lass' es fahren hin.

Und als er sich entrissen
Die Schmerzen mit Gewalt,
Da war sein Herz zerrissen,
Sein Leben war erkalt'.

Die Leiden all schon schwimmen
Auf hohem Meere frei,
Da heben sie an zu singen
Eine finstre Melodei.

Wir haben festgesessen
In eines Mannes Brust,
Wo tapfer wir gestritten
Mit seines Lebens Lust.

Nun müssen wir hier irren
Im Schifflein hin und her:
Ein Sturm wird uns verschlingen,
Ein Ungeheuer im Meer.

Da mußten die Wellen erwachen
Bei diesem trüben Sang;
Verschlangen still den Nachen
Mit allem Leiden bang.

Das Lied vom Hemdelein

Die Sonne stand wohl auf
Des Morgens um halber vier.
Sie zog ihr Hemdlein aus
Und hängt es an die Tür.

Herfür trat sie an Strom
Und bad't sich ganz darein,
Am ganzen Leibe schön
Wie eine Perle fein.

Alsdann ging sie von danne
Wohl über Berg und Tal,
Bis daß sie endlich kame
An einen hellgrünen Wald.

Im Wald da floß ein Bächelein,
Das hat gesehen
Ein weiß und rot schön Jungfräulein
Ganz ohne Röcklein stehen.

Da kam ein junger Knab',
Der sprach: »Ei wohl fürwahr,
Du tust dein Hemdlein ab
Beim hellen lichten Tag.«

»Mein Hemdlein kann ich lassen,
Ich war ja ganz allein.
Wenn du willt mit mir spaßen,
Nehm' ich mein Hemdelein.«

»Dein Leben will ich dir nehmen,«
So sprach der junge Knab',
»Du sollt mir nimmer buhlen
Wohl mit dem jungen Tag.

Ich halt' dich mit den Händen,
Drück' tot dein Herzelein,
Daß du magst nimmer wenden
Die Augen zum klaren Schein.«

Als dies die Sonne tat schauen,
Da eilt' sie schnell davon
Wohl über Berg' und Täler,
Bis sie nach Hause kam.

Sie hängt ihr Hemdelein ab,
Sie hängt ihr Hemdelein um,
Daß wenn mein junger Buhler kommt,
Mich nimmer bringet um.

Nun liegt die Sach' ganz klar am Tag,
Die Welt ist Nebels voll,
Kein Kraut, kein Wein geraten mag,
Die Jungfern wissen's wohl.

Das Königslied

Es lag ein junger König
In seinem guldenen Bett.
Die Kron' drückt ihn nicht wenig,
Die er auf dem Haupte hätt'.
Doch drückten ihn wohl im Herzen
Die Liebesgedanken noch mehr.
Er sprach zu seinem Diener:
»Ruf mir den Narren her!
Er soll ein Liedlein mir singen,
Des Herzens Gram bezwingen.«
Der Narre kam gelaufen
Mit seiner güldnen Harfen:
»Herr König, weil die Sinnen
So schwer und glühend dir sind,
Will ich ein Liedlein singen
Vom leichten kühlen Wind.«
»Vom Winde willst du singen,
Von kühler Nächte Duft?
Laß sein, ich will's nicht hören,
Will selber an die Luft.
Den Fels will ich erklimmen
In dieser grausen Nacht,
Und Lieder will ich dort singen,
Bis daß der Tag erwacht.«
»Laß bleiben, laß bleiben, Herr König.
Die Wind' haben keinen Respekt,
Die achten dein gar wenig,
Sie werfen dich in Treck.«
»Und schleudern sie mich vom Felsen
Wohl tief in das Wasser hinein,
So mögen sie doch auch wohl kühlen
Die Gluten im Herzen mein.«
»Ei König, wie willst du gehen,

Barfuß und ohne Zierd',
Ich bitt', laß mich erflehen,
Kleid' dich, wie dir's gebührt.
Bind an die Füße Sandalen,
Häng um die goldene Kett',
Und deine nackten Schultern
Mit dem roten Purpur bedeck',
Und in die Augen drücke
Dir tief die schwere Kron',
Damit sie dir nicht trage
Der erste Wind davon.
Und um die Lenden gürte
Dir fest dein stählern Schwert,
Damit den Winden ein König
Zum leichtesten Spiel nicht werd'!
Und in den Gürtel stecke
Dir noch den Zepter dein
Und um die Schulter hänge
Dir noch die Harfen mein.«
Da kann der König nicht gehen,
Es zog ihn schwer zurück,
Da trat er in seinem Zorne
Die Harfen in tausend Stück'.
Der Narre begann zu weinen,
Da er die Harfen sah
In tausend Stücken liegen,
Die ach so schöne war.
Der König den Fels erklomm,
Wo tausend Bächlein flossen
Und unten in einem Strom
Zusammen sich ergossen.
Die Winde hatten gesehen
In dunkel schwarzer Nacht
Den roten Purpur wehen
Und auch der Krone Pracht.

Sie breiten aus die Schwingen
Und kommen alle herbei,
Zu hören, wie er tät' singen,
Zu sehen sein herrliches Kleid.
Und als sie hatten gehöret
Das trübe Königslied,
Da hatten sie ihren Gefallen,
Er sollt' ihnen werden ein Spiel.
Der eine tat hoch aufbrausen
In seinem Purpur rot,
Der andre zog durch die Krone
Die Locken wild hervor.
Der dritt' tät mit dem Schwerte
Wohl klappern hin und her,
Der Hirt zog ihn an der Kette
Wie an dem Zaum ein Pferd.
Er muß die Lethe trinken
Mit schwerem Atemzug,
Muß immer tiefer sinken
In seinem grausen Flug.
Um Hilf' der König schreiet,
Die Winde sprechen ihm Hohn,
Sie tragen ihn vom Felsen
Herunter in den Strom.
Da eben stand der Narre,
Der sah die Winde fliegen
Und in dem nassen Grabe
Sah er den König liegen.
Da wandelt' er sich um
In lauter grün Gezweig,
Das schöne Blüten trug
Und goldne Frücht' zugleich.
Ein Adler kam geflogen
Und baut' sein kühnes Nest,
Hoch in das grün Gezweige,

Eh' Wurzel es gefaßt.
Die Wurzel faßt' es tief
Ins jungen Königs Herz,
Der eben fest gar schlief
Und nimmer fühlte Schmerz.

Der Vulkan

Ja, die Zeichen sind alle erfüllet,
Als sich der Himmel so dunkel umhüllet,
Sonne auf blutenden Gleisen entstieg.
Wie die häuslichen Tiere sich bargen,
Ha, da schauderte allen vorm Argen,
Ahnend der Unterwelt nahenden Sieg.

Glühender, stiller werden die Winde,
Vögel verfliegen vom Neste geschwinde,
Säulen des Wassers wirbeln im Meer.
Rollende Donner von unten und oben,
Gegen die Flammen, die unter uns toben
Stiebet der Himmel in Blitzen sich leer.

Gärende Tiefe will neu sich erheben,
Unterwelt-Schatten durchstoßen im Beben
Lieblicher Auen blühenden Grund.
Jupiter schleudert vergeblich die Blitze
Von des dröhnenden Götterbergs Spitze
Nach des Vulkanes eröffnetem Schlund.

Weh, die Titanen sich wieder erkühnen,
Schon die feurigen Augen erschienen,
Schon der dampfende Atem sich hebt,
Schön wie ein Fruchtbaum im Herbste zu schauen,
Doch den Früchten ist nimmer zu trauen,
Denn sie zerschmettern alles, was lebt.

Sehet, die Zähne im geifernden Munde
Reißen dem Berge die berstende Wunde,

Lange verschlossen die glühende Wut.
Sehet, der Atem der Riesen entbrennet,
Zündend mit bläulicher Flamme, hinrennet
Wider der Menschen kämpfenden Mut.

Könnten sie dräuend die Glieder noch regen,
Kämpfend die Brust entgegen ihm legen,
Fühlten sie rächend dies Leiden nicht ganz.
Aber in glühenden Armen sie schwinden,
Mutige Augen im Schauen erblinden,
Flammend verrinnet begeisternder Glanz.

Erde und Himmel zusammen sich brennen,
Chaos, das alte, will keinen erkennen,
Wehe dem Besten, der alles das sieht.
Jeglicher glaubt sich geblendet der letzte,
Ehe die strömende Lava sich setzte,
Wie sie da drohend hier nieder sich zieht! –

Doch da stehet der Glutstrom gebannet,
Langsam sich jeder vom Schrecken ermannet,
Suchet und findet das eigene Haus,
Forschet und findet die Seinen entzücket,
Wie sie dem Feinde alle entrücket,
Alle erkennen ein Wunder im Graus.

Leiser ertönt der siegende Himmel,
Ziehet zum Berge der Wolken Getümmel,
Ströme zum alten Bette zurück,
Kühlende Blitze durchspielen die Ferne,
Einzeln entzünden sich wieder die Sterne
Wie der Versöhneten liebender Blick.

Luna, die ziehet im glänzenden Wagen,
Schauet verwundert die Freuden und Klagen,
Leuchtet, beleuchtend das Wallen der Welt,
Daß die Verirrten die Straßen erkennen
Und die Verwirrten sich freudig anrennen ...

ANNETTE VON DROSTE-HÜLSHOFF
1797-1848

Im Grase

Süße Ruh, süßer Taumel im Gras,
Von des Krautes Arome umhaucht,
Tiefe Flut, tief tief trunkne Flut,
Wenn die Wolk am Azure verraucht,
Wenn aufs müde, schwimmende Haupt
Süßes Lachen gaukelt herab,
Liebe Stimme säuselt und träuft
Wie die Lindenblüt auf ein Grab.

Wenn im Busen die Toten dann,
Jede Leiche sich streckt und regt,
Leise, leise den Odem zieht,
Die geschlossne Wimper bewegt,
Tote Lieb, tote Lust, tote Zeit,
All die Schätze, im Schutt verwühlt,
Sich berühren mit schüchternem Klang
Gleich den Glöckchen, vom Winde umspielt.

Stunden, flüchtiger ihr als der Kuß
Eines Strahls auf der trauernden See,
Als des ziehenden Vogels Lied,
Das mir nieder perlt aus der Höh,
Als des schillernden Käfers Blitz,
Wenn den Sonnenpfad er durcheilt,
Als der heiße Druck einer Hand,
Die zum letzten Male verweilt.

Dennoch, Himmel, immer mir nur
Dieses eine mir: für das Lied
Jedes freien Vogels im Blau
Eine Seele, die mit ihm zieht,
Nur für jeden kärglichen Strahl
Meinen farbig schillernden Saum,
Jeder warmen Hand meinen Druck
Und für jedes Glück meinen Traum.

Der Knabe im Moor

O schaurig ists übers Moor zu gehn,
Wenn es wimmelt vom Heiderauche,
Sich wie Phantome die Dünste drehn
Und die Ranke häkelt am Strauche,
Unter jedem Tritte ein Quellchen springt,
Wenn aus der Spalte es zischt und singt,
O schaurig ists übers Moor zu gehn,
Wenn das Röhricht knistert im Hauche!

Fest hält die Fibel das zitternde Kind
Und rennt, als ob man es jage;
Hohl über die Fläche sauset der Wind –
Was raschelt drüben am Hage?
Das ist der gespenstische Gräberknecht,
Der dem Meister die besten Torfe verzecht;
Hu, hu, es bricht wie ein irres Rind!
Hinducket das Knäblein zage.

Vom Ufer starret Gestumpf hervor,
Unheimlich nicket die Föhre,
Der Knabe rennt, gespannt das Ohr,
Durch Riesenhalme wie Speere;
Und wie es rieselt und knittert darin!
Das ist die unselige Spinnerin,
Das ist die gebannte Spinnlenor',
Die den Haspel dreht im Geröhre!

Voran, voran! nur immer im Lauf,
Voran, als woll es ihn holen!
Vor seinem Fuße brodelt es auf,
Es pfeift ihm unter den Sohlen
Wie eine gespenstige Melodei;
Das ist der Geigemann ungetreu,

Das ist der diebische Fiedler Knauf,
Der den Hochzeitheller gestohlen!

Da birst das Moor, ein Seufzer geht
Hervor aus der klaffenden Höhle;
Weh, weh, da ruft die verdammte Margret:
»Ho, ho, meine arme Seele!«

Der Knabe springt wie ein wundes Reh;
Wär nicht Schutzengel in seiner Näh,
Seine bleichenden Knöchelchen fände spät
Ein Gräber im Moorgeschwele.

Da mählich gründet der Boden sich,
Und drüben, neben der Weide,
Die Lampe flimmert so heimatlich,
Der Knabe steht an der Scheide.
Tief atmet er auf, zum Moor zurück
Noch immer wirft er den scheuen Blick:
Ja, im Geröhre wars fürchterlich,
O schaurig wars in der Heide!

Das Spiegelbild

Schaust du mich an aus dem Kristall
Mit deiner Augen Nebelball,
Kometen gleich, die im Verbleichen;
Mit Zügen, worin wunderlich
Zwei Seelen wie Spione sich
Umschleichen, ja, dann flüstre ich:
Phantom, du bist nicht meinesgleichen!

Bist nur entschlüpft der Träume Hut,
Zu eisen mir das warme Blut,
Die dunkle Locke mir zu blassen;
Und dennoch, dämmerndes Gesicht,
Drin seltsam spielt ein Doppellicht,
Trätest du vor, ich weiß es nicht,
Würd ich dich lieben oder hassen?

Zu deiner Stirne Herrscherthron,
Wo die Gedanken leisten Fron
Wie Knechte, würd ich schüchtern blicken;
Doch von des Auges kaltem Glast,
Voll toten Lichts, gebrochen fast,
Gespenstig, würd, ein scheuer Gast,
Weit, weit ich meinen Schemel rücken.

Und was den Mund umspielt so lind,
So weich und hülflos wie ein Kind,
Das möcht in treue Hut ich bergen;
Und wieder, wenn er höhnend spielt,
Wie von gespanntem Bogen zielt,
Wenn leis es durch die Züge wühlt,
Dann möcht ich fliehen wie vor Schergen.

Es ist gewiß, du bist nicht Ich,
Ein fremdes Dasein, dem ich mich
Wie Moses nahe, unbeschuhet,
Voll Kräfte, die mir nicht bewußt,
Voll fremden Leides, fremder Lust;
Gnade mir Gott, wenn in der Brust
Mir schlummernd deine Seele ruhet!

Und dennoch fühl ich, wie verwandt,
Zu deinen Schauern mich gebannt,
Und Liebe muß der Furcht sich einen.
Ja, trätest aus Kristalles Rund,
Phantom, du lebend auf den Grund,
Nur leise zittern würd ich, und
Mich dünkt – ich würde um dich weinen!

An Levin Schücking

Kein Wort, und wär es scharf wie Stahles Klinge,
Soll trennen, was in tausend Fäden eins,
So mächtig kein Gedanke, daß er dringe
Vergällend in den Becher reinen Weins;
Das Leben ist so kurz, das Glück so selten,
So großes Kleinod, einmal sein statt gelten!

Hat das Geschick uns, wie in frevlem Witze,
Auf feindlich starre Pole gleich erhöht,
So wisse, dort, dort auf der Scheidung Spitze
Herrscht, König über alle, der Magnet,
Nicht fragt er, ob ihn Fels und Strom gefährde,
Ein Strahl fährt mitten er durchs Herz der Erde.

Blick in mein Auge – ist es nicht das deine,
Ist nicht mein Zürnen selber deinem gleich?
Du lächelst – und dein Lächeln ist das meine,
An gleicher Lust und gleichem Sinnen reich;
Worüber alle Lippen freundlich scherzen,
Wir fühlen heil'ger es im eignen Herzen.

Pollux und Kastor – wechselnd Glühn und Bleichen,
Des einen Licht geraubt dem andern nur,
Und doch der allerfrömmsten Treue Zeichen. –
So reiche mir die Hand, mein Dioskur!
Und mag erneuern sich die holde Mythe,
Wo überm Helm die Zwillingsflamme glühte.

Im Moose

Als jüngst die Nacht dem sonnenmüden Land
Der Dämmrung leise Boten hat gesandt,
Da lag ich einsam noch in Waldes Moose.
Die dunklen Zweige nickten so vertraut,
An meiner Wange flüsterte das Kraut,
Unsichtbar duftete die Heiderose.

Und flimmern sah ich durch der Linde Raum
Ein mattes Licht, das im Gezweig der Baum
Gleich einem mächt'gen Glühwurm schien zu tragen,
Es sah so dämmernd wie ein Traumgesicht,
Doch wußte ich, es war der Heimat Licht,
In meiner eignen Kammer angeschlagen.

Ringsum so still, daß ich vernahm im Laub
Der Raupe Nagen, und wie grüner Staub
Mich leise wirbelnd Blätterflöckchen trafen.
Ich lag und dachte, ach, so manchem nach,
Ich hörte meines eignen Herzens Schlag,
Fast war es mir, als sei ich schon entschlafen.

Gedanken tauchten aus Gedanken auf,
Das Kinderspiel, der frischen Jahre Lauf,
Gesichter, die mir lange fremd geworden;
Vergeßne Töne summten um mein Ohr,
Und endlich trat die Gegenwart hervor,
Da stand die Welle, wie an Ufers Borden.

Dann, gleich dem Bronnen, der verrinnt im Schlund
Und drüben wieder sprudelt aus dem Grund,
So stand ich plötzlich in der Zukunft Lande;
Ich sah mich selber, gar gebückt und klein,

Geschwächten Auges, am ererbten Schrein
Sorgfältig ordnen staub'ge Liebespfande.

Die Bilder meiner Lieben sah ich klar,
In einer Tracht, die jetzt veraltet war,
Mich sorgsam lösen aus verblichnen Hüllen,
Löckchen, vermorscht, zu Staub zerfallen schier,
Sah über die gefurchte Wange mir
Langsam herab die karge Träne quillen.

Und wieder an des Friedhofs Monument,
Dran Namen standen, die mein Lieben kennt,
Da lag ich betend, mit gebrochnen Knieen,
Und – horch, die Wachtel schlug! kühl strich der Hauch –
Und noch zuletzt sah ich, gleich einem Rauch,
Mich leise in der Erde Poren ziehen.

Ich fuhr empor und schüttelte mich dann,
Wie einer, der dem Scheintod erst entrann,
Und taumelte entlang die dunklen Hage,
Noch immer zweifelnd, ob der Stern am Rain
Sei wirklich meiner Schlummerlampe Schein
Oder das ew'ge Licht am Sarkophage.

Am Turme

Ich steh auf hohem Balkone am Turm,
Umstrichen vom schreienden Stare,
Und laß gleich einer Mänade den Sturm
Mir wühlen im flatternden Haare;
O wilder Geselle, o toller Fant,
Ich möchte dich kräftig umschlingen,
Und, Sehne an Sehne, zwei Schritte vom Rand
Auf Tod und Leben dann ringen!

Und drunten seh ich am Strand, so frisch
Wie spielende Doggen, die Wellen
Sich tummeln rings mit Geklaff und Gezisch
Und glänzende Flocken schnellen.
O, springen möcht ich hinein alsbald,
Recht in die tobende Meute,
Und jagen durch den korallenen Wald
Das Walroß, die lustige Beute!

Und drüben seh ich ein Wimpel wehn
So keck wie eine Standarte,
Seh auf und nieder den Kiel sich drehn
Von meiner luftigen Warte;
O, sitzen möcht ich im kämpfenden Schiff,
Das Steuerruder ergreifen
Und zischend über das brandende Riff
Wie eine Seemöwe streifen.

Wär ich ein Jäger auf freier Flur,
Ein Stück nur von einem Soldaten,
Wär ich ein Mann doch mindestens nur,

So würde der Himmel mir raten;
Nun muß ich sitzen so fein und klar,
Gleich einem artigen Kinde,
Und darf nur heimlich lösen mein Haar
Und lassen es flattern im Winde!

Mondesaufgang

An des Balkones Gitter lehnte ich
Und wartete, du mildes Licht, auf dich.
Hoch über mir, gleich trübem Eiskristalle,
Zerschmolzen schwamm des Firmamentes Halle;
Der See verschimmerte mit leisem Dehnen,
Zerfloßne Perlen oder Wolkentränen?
Es rieselte, es dämmerte um mich,
Ich wartete, du mildes Licht, auf dich.

Hoch stand ich, neben mir der Linden Kamm,
Tief unter mir Gezweige, Ast und Stamm;
Im Laube summte der Phalänen Reigen,
Die Feuerfliege sah ich glimmend steigen,
Und Blüten taumelten wie halb entschlafen;
Mir war, als treibe hier ein Herz zum Hafen,
Ein Herz, das übervoll von Glück und Leid
Und Bildern seliger Vergangenheit.

Das Dunkel stieg, die Schatten drangen ein –
Wo weilst du, weilst du denn, mein milder Schein? –
Sie drangen ein wie sündige Gedanken,
Des Firmamentes Woge schien zu schwanken,
Verzittert war der Feuerfliege Funken,
Längst die Phaläne an den Grund gesunken,
Nur Bergeshäupter standen hart und nah,
Ein düstrer Richterkreis, im Düster da.

Und Zweige zischelten an meinem Fuß
Wie Warnungsflüstern oder Todesgruß;
Ein Summen stieg im weiten Wassertale
Wie Volksgemurmel vor dem Tribunale;
Mir war, als müsse etwas Rechnung geben,
Als stehe zagend ein verlornes Leben,

Als stehe ein verkümmert Herz allein,
Einsam mit seiner Schuld und seiner Pein.

Da auf die Wellen sank ein Silberflor,
Und langsam stiegst du, frommes Licht, empor;
Der Alpen finstre Stirnen strichst du leise,
Und aus den Richtern wurden sanfte Greise;
Der Wellen Zucken war ein lächelnd Winken,
An jedem Zweige sah ich Tropfen blinken,
Und jeder Tropfen schien ein Kämmerlein,
Drin flimmerte der Heimatlampe Schein.

O Mond, du bist mir wie ein später Freund,
Der seine Jugend dem Verarmten eint,
Um seine sterbenden Erinnerungen
Des Lebens zarten Widerschein geschlungen,
Bist keine Sonne, die entzückt und blendet,
In Feuerströmen lebt, im Blute endet –
Bist, was dem kranken Sänger sein Gedicht,
Ein fremdes, aber o! ein mildes Licht.

Durchwachte Nacht

Wie sank die Sonne glüh und schwer,
Und aus versengter Welle dann
Wie wirbelte der Nebel Heer
Die sternenlose Nacht heran! –
Ich höre ferne Schritte gehn –
Die Uhr schlägt Zehn.

Noch ist nicht alles Leben eingenickt,
Der Schlafgemächer letzte Türen knarren;
Vorsichtig in der Rinne Bauch gedrückt,
Schlüpft noch der Iltis an des Giebels Sparren,
Die schlummertrunkne Färse murrend nickt,
Und fern im Stalle dröhnt des Rosses Scharren,
Sein müdes Schnauben, bis, vom Mohn getränkt,
Sich schlaff die regungslose Flanke senkt.

Betäubend gleitet Fliederhauch
Durch meines Fensters offnen Spalt,
Und an der Scheibe grauem Rauch
Der Zweige wimmelnd Neigen wallt.
Matt bin ich, matt wie die Natur! –
Elf schlägt die Uhr.

O wunderliches Schlummerwachen, bist
Der zartren Nerve Fluch du oder Segen? –
's ist eine Nacht, vom Taue wach geküßt,
Das Dunkel fühl ich kühl wie feinen Regen
An meine Wangen gleiten, das Gerüst
Des Vorhangs scheint sich schaukelnd zu bewegen,
Und dort das Wappen an der Decke Gips
Schwimmt sachte mit dem Schlängeln des Polyps.

Wie mir das Blut im Hirne zuckt!
Am Söller geht Geknister um,
Im Pulte raschelt es und ruckt,
Als drehe sich der Schlüssel um.
Und – horch! der Seiger hat gewacht!
'S ist Mitternacht.

War das ein Geisterlaut? So schwach und leicht
Wie kaum berührten Glases schwirrend Klingen,
Und wieder wie verhaltnes Weinen steigt
Ein langer Klageton aus den Syringen,
Gedämpfter, süßer nun, wie tränenfeucht
Und selig kämpft verschämter Liebe Ringen; –
O Nachtigall, das ist kein wacher Sang,
Ist nur im Traum gelöster Seele Drang.

Da kollerts nieder vom Gestein!
Des Turmes morsche Trümmer fällt,
Das Käuzlein knackt und hustet drein;
Ein jäher Windesodem schwellt
Gezweig und Kronenschmuck des Hains; –
Die Uhr schlägt Eins.

Und drunten das Gewölke rollt und klimmt;
Gleich einer Lampe aus dem Hünenmale
Hervor des Mondes Silbergondel schwimmt,
Verzitternd auf der Gasse blauem Stahle;
An jedem Fliederblatt ein Fünkchen glimmt,
Und hell gezeichnet von dem blassen Strahle
Legt auf mein Lager sich des Fensters Bild,
Vom schwanken Laubgewimmel überhüllt.

Jetzt möcht ich schlafen, schlafen gleich,
Entschlafen unterm Mondeshauch,
Umspielt vom flüsternden Gezweig,

Im Blute Funken, Funk im Strauch
Und mir im Ohre Melodei; –
Die Uhr schlägt Zwei.

Und immer heller wird der süße Klang,
Das liebe Lachen; es beginnt zu ziehen
Gleich Bildern von Daguerre die Deck entlang,
Die aufwärts steigen mit des Pfeiles Fliehen;
Mir ist, als seh ich lichter Locken Hang,
Gleich Feuerwürmern seh ich Augen glühen,
Dann werden feucht sie, werden blau und lind,
Und mir zu Füßen sitzt ein schönes Kind.

Es sieht empor, so fromm gespannt,
Die Seele strömend aus dem Blick;
Nun hebt es gaukelnd seine Hand,
Nun zieht es lachend sie zurück;
Und – horch! des Hahnes erster Schrei! –
Die Uhr schlägt Drei.

Wie bin ich aufgeschreckt, – o süßes Bild,
Du bist dahin, zerflossen mit dem Dunkel!
Die unerfreulich graue Dämmrung quillt,
Verloschen ist des Flieders Taugefunkel,
Verrostet steht des Mondes Silberschild,
Im Walde gleitet ängstliches Gemunkel,
Und meine Schwalbe an des Frieses Saum
Zirpt leise, leise auf im schweren Traum.

Der Tauben Schwärme kreisen scheu,
Wie trunken in des Hofes Rund,
Und wieder gellt des Hahnes Schrei,
Auf seiner Streue rückt der Hund,
Und langsam knarrt des Stalles Tür –
Die Uhr schlägt Vier.

Da flammts im Osten auf, – o Morgenglut!
Sie steigt, sie steigt, und mit dem ersten Strahle
Strömt Wald und Heide vor Gesangesflut,
Das Leben quillt aus schäumendem Pokale,
Es klirrt die Sense, flattert Falkenbrut,
Im nahen Forste schmettern Jagdsignale,
Und wie ein Gletscher sinkt der Träume Land
Zerrinnend in des Horizontes Brand.

Die tote Lerche

Ich stand an deines Landes Grenzen,
An deinem grünen Saatenwald,
Und auf des ersten Strahles Glänzen
Ist dein Gesang herabgewallt.
Der Sonne schwirrtest du entgegen,
Wie eine Mücke nach dem Licht;
Dein Lied war wie ein Blütenregen,
Dein Flügelschlag wie ein Gedicht.

Da war es mir, als müsse ringen
Ich selber nach dem jungen Tag,
Als horch ich meinem eignen Singen
Und meinem eignen Flügelschlag;
Die Sonne sprühte glühe Funken,
In Flammen brannte mein Gesicht;
Ich selber taumelte wie trunken,
Wie eine Mücke nach dem Licht.

Da plötzlich sank und sank es nieder,
Gleich toter Kohle in die Saat,
Noch zucken sah ich kleine Glieder
Und bin erschrocken dann genaht;
Dein letztes Lied, es war verklungen;
Du lagst, ein armer kalter Rest,
Am Strahl verflattert und versungen
Bei deinem halbgebauten Nest.

Ich möchte Tränen um dich weinen,
Wie sie das Weh vom Herzen drängt,
Denn auch mein Leben wird verscheinen,
Ich fühls, versungen und versengt;
Dann du, mein Leib, ihr armen Reste,
Dann nur ein Grab auf grüner Flur
Und nah nur, nah bei meinem Neste,
In meiner stillen Heimat nur!

LUISE HENSEL
1798-1876

Nachtgebet

Müde bin ich, geh zur Ruh',
Schließe beide Äuglein zu:
Vater, laß die Augen dein
Über meinem Bette sein!

Hab' ich Unrecht heut getan,
Sieh es, lieber Gott, nicht an!
Deine Gnad' und Jesu Blut
Macht ja allen Schaden gut.

Alle, die mir sind verwandt,
Gott, laß ruhn in deiner Hand!
Alle Menschen, groß und klein,
Sollen dir befohlen sein.

Kranken Herzen sende Ruh',
Nasse Augen schließe zu!
Laß den Mond am Himmel stehn
Und die stille Welt besehn!

MARIE VON EBNER-ESCHENBACH
1830-1916

Ein kleines Lied

Ein kleines Lied, wie geht's nur an,
Daß man so lieb es haben kann,
Was liegt darin? erzähle!

Es liegt darin ein wenig Klang,
Ein wenig Wohllaut und Gesang
Und eine ganze Seele.

RICARDA HUCH
1864-1947

Wie die zierlichen Schwalben sich rüsten
Zum Fluge nach wärmeren Küsten!
Ich schau ihrem Schwarme nach
Und rüttle an meinem Gitter.
Kommt heim ihr im Lenzgewitter,
Baut, Vögel, an meinem Dach
Und sagt, was ihr draußen vernommen:
Will die Freiheit noch immer nicht kommen?

Geheimnis

Augen meiner Liebe, schöner See,
Schaut mich an, damit ich euch ergründe,
Daß mein Herz hinab als Taucher geh,
Suche, wo sich euer Glanz entzünde.
Schimmerst, Seele, du gleich einer bunten
Muschel? Glühst du als versenkter Hort?
Bist du eine Perle, die dort unten
Aufwärts singt ihr farbig Strahlenwort?

Erinnerung

Von vieler Vöglein Singen
Bin ich aufgewacht;
An meines Vaters Garten
Hab ich da gedacht,
Wo ich bei den Syringen
Manche Sommernacht,
Den Liebsten zu erwarten,
Heimlich zugebracht.

Bestimmung

Was ist in deiner Seele,
Was ist in meiner Brust,
Daß ich mich dir befehle,
Daß du mich lieben mußt?
Vom Haus, wo ich gewohnt
Und zart behütet bin,
Ziehst du mich, wie der Mond,
Nachtwandelnd zu dir hin.

Sehnsucht

Um bei dir zu sein,
Trüg' ich Not und Fährde,
Ließ' ich Freund und Haus
Und die Fülle der Erde.

Mich verlangt nach dir,
Wie die Flut nach dem Strande,
Wie die Schwalbe im Herbst
Nach dem südlichen Lande.

Wie den Alpsohn heim,
Wenn er denkt, nachts alleine,
An die Berge voll Schnee
Im Mondenscheine.

Wie wenn Gott winkt, und die Ströme und Meere der Erde
Brausend sich wenden, gestürzt von der Allmacht Gebärde,
Stürmt mir mein Blut, wenn du winkst; aus den Schluchten der Seele
Quillt es mit Inbrunst, gewendet zu deinem Befehle.

Hoffnung wiegt sich auf dem Aste
Meines Herzens; bleibe, raste
Noch ein Weilchen in der Laube
Meiner Brust, du wilde Taube!

Flügel, wie sein Rad der Pfau,
Spannt sie, hundertaugig, blau;
Duckt sich, schwingt sich auf; es wanken
Meines Herzens leichte Ranken.

Ich werde nicht an deinem Herzen satt,
Nicht satt an deiner Küsse Glutergießen.
Ich will dich, wie der Christ den Heiland hat:
Er darf als Mahl den Leib des Herrn genießen.
So will ich dich, o meine Gottheit, haben,
In meinem Blut dein Fleisch und Blut begraben.
So will ich deinen süßen Leib empfangen,
Bis du in mir und ich in dir vergangen.

Wo hast du all die Schönheit hergenommen,
Du Liebesangesicht, du Wohlgestalt!
Um dich ist alle Welt zu kurz gekommen.
Weil du die Jugend hast, wird alles alt,
Weil du das Leben hast, muß alles sterben,
Weil du die Kraft hast, ist die Welt kein Hort,
Weil du vollkommen bist, ist sie ein Scherben,
Weil du der Himmel bist, gibts keinen dort!

Ewige Liebe

Nicht im Paradiese,
Nicht in den Gefilden
Ew'ger Seligkeiten,
Wenn dahin mit milden
Worten Gott mich wiese,
Würd ich freudig schreiten,
Wenn ich liegen könnte
Dir im Grab zur Seite,
Wo mich von dir trennte
Keines Fingers Breite.
Wenn auch von dir schwände
Alles Fleisch, das warme,
Knochen deine Hände,
Knochen deine Arme,
Wärst mir Glück und Frieden,
Wenn uns nur beschieden
Alle hundert Jahre
Eine Stunde käme,
Die den Schlaf der Bahre
Von uns beiden nähme,
Daß wir uns erkennten
Trotz des Todes Walten
Und in unsrer alten
Liebe jäh entbrennten.

Hoffnung und Erinnerung

Die mich den schlängelnden Pfad, den steigenden, tröstlich
geleitet,
Hoffnung, verlor sich von mir hier auf dem öderen Paß.
Kehrt sie mir wieder? Nicht sie, Erinnrung, die frommere
Schwester,
Wandelt beständigen Schritts neben mir, der ich nicht rief.
Weist mir das heimische Tal, den Weg, den ich aufwärts
geklommen,
Sinnig mit deutender Hand; träumerisch raunend dazu
Wie mit umspinnendem Netz entführt sie mich tiefer und
weiter –
Wenn einst auch sie mich verläßt, harrt wohl ein stillrer
Gesell.

Uralter Worte kundig kommt die Nacht;
Sie löst den Dingen Rüstung ab und Bande,
Sie wechselt die Gestalten und Gewande
Und hüllt den Streit in gleiche braune Tracht.

Da rührt das steinerne Gebirg sich sacht
Und schwillt wie Meer hinüber in die Lande.
Der Abgrund kriecht verlangend bis zum Rande
Und trinkt der Sterne hingebeugte Pracht.

Ich halte dich und bin von dir umschlossen,
Erschöpfte Wandrer wiederum zu Haus;
So fühl ich dich in Fleisch und Blut gegossen,

Von deinem Leib und Leben meins umkleidet.
Die Seele ruht von langer Sehnsucht aus,
Die eins vom andern nicht mehr unterscheidet.

O blühende Heide, welken wirst du müssen!
Du Sternenantlitz, mußt du auch vergehn?
Es gäb ein andres Glück als dich zu küssen,
Und andre Wünsche als dich anzusehn?
Ihr Seelenaugen, warmes Licht der Liebe,
Erlöschen sollt ihr? nie mehr widerspiegeln
Die goldne Bläue über diesen Hügeln?
Du wärst dahin, und Erd und Himmel bliebe?

Der Mond wird kommen, wie aus Fabelmeeren
Ein Segel safrangelb, im Ufertang
Verstrickt; die Sterne werden wiederkehren

Und wie im Netz der blanken Fische Fang,
Mein Baum, erglitzern zwischen deinen Zweigen.
So wie sie heute sausend dich umschwang,

Tanzt dir die Fledermaus den Geisterreigen.
Auch Einsame, die, deren Herz beklommen,
Ruhn bei dir aus, versunken in dein Schweigen;

Nur deine Freundin wird bald nicht mehr kommen.

Himmelsmärchen

Nun sind wir wieder unter uns Göttern,
Sagte der Mond, als der Abend dunkelte,
Und winkte zum Reigen den Planeten,
Seinen Vettern.
Das Goldblut funkelte
Durch demantene Schleier,
Wie sie langsam sich drehten
In festlich melodischem Schritt.
Dann reichten sie die Leier
Der Erde, Scheherezade,
Und alle lauschten
Ihrer glorreich wilden Ballade.
Die Nacht summte träumerisch mit.
Die Tränen rauschten.

ELSE LASKER-SCHÜLER
1869-1945

Mein blaues Klavier

Ich habe zu Hause ein blaues Klavier
Und kenne doch keine Note.

Es steht im Dunkel der Kellertür,
Seitdem die Welt verrohte.

Es spielen Sternenhände vier
– Die Mondfrau sang im Boote –
Nun tanzen die Ratten im Geklirr.

Zerbrochen ist die Klaviatür ...
Ich beweine die blaue Tote.

Ach liebe Engel öffnet mir
– Ich aß vom bitteren Brote –
Mir lebend schon die Himmelstür –
Auch wider dem Verbote.

Weltende

Es ist ein Weinen in der Welt,
Als ob der liebe Gott gestorben wär,
Und der bleierne Schatten, der niederfällt,
Lastet grabesschwer.

Komm, wir wollen uns näher verbergen ...
Das Leben liegt in aller Herzen
Wie in Särgen.

Du! wir wollen uns tief küssen –
Es pocht eine Sehnsucht an die Welt,
An der wir sterben müssen.

Gebet

Ich suche allerlanden eine Stadt,
Die einen Engel vor der Pforte hat.
Ich trage seinen großen Flügel
Gebrochen schwer am Schulterblatt
Und in der Stirne seinen Stern als Siegel.

Und wandle immer in die Nacht ...
Ich habe Liebe in die Welt gebracht –
Daß blau zu blühen jedes Herz vermag,
Und hab ein Leben müde mich gewacht,
In Gott gehüllt den dunklen Atemschlag.

O Gott, schließ um mich deinen Mantel fest;
Ich weiß, ich bin im Kugelglas der Rest,
Und wenn der letzte Mensch die Welt vergießt,
Du mich nicht wieder aus der Allmacht läßt
Und sich ein neuer Erdball um mich schließt.

Ein alter Tibetteppich

Deine Seele, die die meine liebet,
Ist verwirkt mit ihr im Teppichtibet.

Strahl in Strahl, verliebte Farben,
Sterne, die sich himmellang umwarben.

Unsere Füße ruhen auf der Kostbarkeit,
Maschentausendabertausendweit.

Süßer Lamasohn auf Moschuspflanzenthron,
Wie lange küßt dein Mund den meinen wohl
Und Wang die Wange buntgeknüpfte Zeiten schon?

Ein Liebeslied

Komm zu mir in der Nacht – wir schlafen engverschlungen.
Müde bin ich sehr, vom Wachen einsam.
Ein fremder Vogel hat in dunkler Frühe schon gesungen,
Als noch mein Traum mit sich und mir gerungen.

Es öffnen Blumen sich vor allen Quellen
Und färben sich mit deiner Augen Immortellen ...

Komm zu mir in der Nacht auf Siebensternenschuhen
Und Liebe eingehüllt spät in mein Zelt.
Es steigen Monde aus verstaubten Himmelstruhen.

Wir wollen wie zwei seltene Tiere liebesruhen
Im hohen Rohre hinter dieser Welt.

Frühling

Wir wollen wie der Mondenschein
Die stille Frühlingsnacht durchwachen,
Wir wollen wie zwei Kinder sein.
Du hüllst mich in dein Leben ein
Und lehrst mich so wie du zu lachen.

Ich sehnte mich nach Mutterlieb
Und Vaterwort und Frühlingsspielen,
Den Fluch, der mich durchs Leben trieb,
Begann ich, da er bei mir blieb,
Wie einen treuen Feind zu lieben.

Nun blühn die Bäume seidenfein
Und Liebe duftet von den Zweigen.
Du mußt mir Mutter und Vater sein
Und Frühlingsspiel und Schätzelein
Und ganz mein eigen.

Gott hör …

Um meine Augen zieht die Nacht sich
Wie ein Ring zusammen.
Mein Puls verwandelte das Blut in Flammen
Und doch war alles grau und kalt um mich.

O Gott und bei lebendigem Tage,
Träum ich vom Tod.
Im Wasser trink ich ihn und würge ihn im Brot.
Für meine Traurigkeit gibt es kein Maß auf deiner Waage.

Gott hör … In deiner blauen Lieblingsfarbe
Sang ich das Lied von deines Himmels Dach –
Und weckte doch in deinem ewigen Hauche nicht den Tag.
Mein Herz schämt sich vor dir fast seiner tauben Narbe.

Wo ende ich? – O Gott!! Denn in die Sterne,
Auch in den Mond sah ich, in alle deiner Früchte Tal.
Der rote Wein wird schon in seiner Beere schal …
Und überall – die Bitternis – in jedem Kerne.

Es kommt der Abend

Es kommt der Abend und ich tauche in die Sterne,
Daß ich den Weg zur Heimat im Gemüte nicht verlerne
Umflorte sich auch längst mein armes Land.

Es ruhen unsere Herzen liebverwandt,
Gepaart in einer Schale:
Weiße Mandelkerne –

... Ich weiß, du hältst wie früher meine Hand
Verwunschen in der Ewigkeit der Ferne ...
Ach meine Seele rauschte, als dein Mund es mir gestand.

GERTRUD VON LE FORT
1876-1971

Drei kleine Lieder

I

Wenn nachts die Brunnen rauschen,
Die Welt liegt schlummerschwer,
Da muß ich immer lauschen
als ob ein Zauber wär.

Und sind doch kühl die Bronnen
Und sind doch scheu und zag,
So tief in sich versonnen
Den langen, lauten Tag …

Ich hab so mächtge Träume,
Ich weiß wohl ihr Begehr:
Bei Nacht durch weite Räume
Spürt jeder Quell das Meer.

II

Kommt ein junger Strom gezogen
Durch das jungfräuliche Tal,
Spielt auf einem Silberbogen
Nächtlich unter meinem Saal.

Und ich lausch in meiner Zelle
Schlummernd halb und halb erwacht,
Trinkend seines Spieles Welle
Wie den Liebeskelch der Nacht.

Leise schwirrt der Fensterflügel,
Weite dringt zum engen Raum,
Wolke, Wipfel, Hang und Hügel
Stürzen sich in meinen Traum!

Wie in hochzeitlichem Reigen
Schwingt um mich der Sterne Fall –
Selig mit der Wälder Schweigen
Ruh ich an der Brust dem All.

III

In meinem Hause dient eine Maid,
Die ist geheißen Herzeleid.
Sie dient mir heimlich und ohne Lohn
Lange schon.
Sie schöpft mir mit stillen Händen den Trank
Und sitzt mit gelaßnem Sinn
Am Herd auf der Bank
Und spinnt so hin ...
Oft mein ich sie lacht,
Aber manchmal bei Nacht
Wenn draußen der Mond auf dem Meere schwebt
Und sein silbernes Horn
Die Fluten lockt und hebt:
Dann stürzt der Tränenborn
Ihr ins Gesicht
Und schluchzt ans Licht ...

Drei Festhymnen

I

Wem wirst du das Königslied singen, du kronenlose,
Wer wird dein Zepter tragen, du zerstörte Welt?
Wer wird deine Völker sammeln, du Verstreute?
Siehe, du bist bedeckt mit den Splittern aller deiner Sterne,
du bist wundgestoßen, meine Erde, wie von
Gräberschaufeln.
Deine Kinder sind verarmt, wie einer Witwe Kinder!

Erkennst du die Schlafenden in ihren fremden Grüften?
Erkennst du die dahinsanken vor dem Welken ihrer Jahre?
Erkennst du die Verschollenen in den Fluten und die
Unversöhnten im Schmerz der Ewigkeit?
Siehe, das Meer deiner Toten ist weiß von Seelen bis zum
Himmel, und der Strom der Tränen klagt durch seine
Dünen!

II

Wir haben unsren Toten eine Burg erbaut, die soll heißen
»Frauendom des Friedens« –
Wir haben sie aus unsren Schmerzen aufgerichtet:
Alle ihre Steine sind aus unsren Herzen gebrochen!
Hoch preisen ihre Glocken den Herrn, und hochauf orgeln
Ihm alle Stimmen ihrer Chöre.
Die Fluren ihrer Räume entbreiten Sein Rühmen, alle ihre
Pfeiler tragen schwer an Dank!

Es fallen vor Seiner Gnade hin alle Stufen ihrer Treppen, alle
ihre Fenster brechen vor Ihm in Licht aus!
Denn Er hat die zerbrochenen Hände zum Werkzeug
angenommen, und das Schluchzen der Verwaisten zur
Stimme,

Er hat das Leid der Machtlosen in Liebe verwandelt, und
ihre Klagen in ewiges Gebet.
Selig sind die Mütter der Erschlagenen, denn sie wurden
Töchter der Schmerzensreichen,
Und selig sind die Schwestern der Toten, denn sie wurden
Sterne des Morgensterns!
Selig sind die Bräute in den Schleiern ihrer Tränen, denn sie
wurden Trösterinnen der Betrübten!

Hebe dein Kind auf unsere Herzen, du Frau aller Frauen!
Breite Seinen Königsmantel über alle Völker, Wächterin des
Heils!
Halte Seine Palme über den Geschiedenen!
Friede sei ihr Gedächtnis, Friede sei ihr Vermächtnis,
Ewiger Friede vom Ewgen sei ihr Totenmal!

I

Geh auf, mein Erntetag: ich neige mich vor deiner goldnen Stirne, auch mit umflortem Blick will ich dich gläubig feiern!
Denn wie die Sonne durch die Stämme des Hochwalds, so ging Gottes Auge mit mir durch die Jahre,
Wie der Mond auf den Häuptern der Ähren, so lag seine Güte über meinem Scheitel.
Er gab mir einen Stern zum Freunde, sein Strahl war mein Wanderstab und mein Geleit.
Ich tat mein Werk im Leuchten seines Angesichtes: mein Feld lag immer zu den Füßen der höchsten Berge.
An heilgen Hängen zog ich meine Reben, an alten, königlichen Hängen, umschwebt vom Geiste der Väter.
Meine Erntekrone atmet noch den reinen Duft der Frühe, aber auch in späten Fluren fand ich süße Früchte.
Aus dem Reif des Herbstes trug ich noch verwehte Garben heim.
Ich barg sie nicht in Speichern, wo die Blitze zünden, und nicht in Kellern, die verfallen, wenn die Erde wankt und bebt.
Ich lagerte sie im Lebendgen ein: ich streute meinen Segen aus wie eine lichte Saat.
Mein Haus war wie ein offner Tisch und wie eine Schale voller Gaben.
Die Hungrigen wurden bei mir satt, und die Satten Hungernde nach edler Speise –
Wer will eine Ernte rauben, die am Herzen der Lebendgen keimt?
Das Verschenkte ist mein Reichtum, und das Hingeschwendete ist mein Besitz!
Mein Werk ist wie ein Schiff, das vom Ufer des Verderbens abstieß,

Es ist wie ein geschwelltes Segel, das zur hohen See entkam.
Es ist wie eine Insel, weit ins ewge Meer hinausgebaut –
Wer will eine Insel aus dem Arm des Meeres reißen?

II

Doch es hält noch ein Andrer Erntetag am Tag meiner Ernte.
Sein Arm ist stark wie ein Schwert, und seine Sichel weiß um kein Ermüden.
Tausendjährges Wachstum holt er heim in einer einzgen Stunde, und hundertjährges Edeltum sinkt ihm in einer Nacht.
Er mäht die Heiligtümer unsrer Väter ab wie schlichte Ähren,
Er keltert sich von ihren königlichen Hängen finstern Wein.
Ich gehe wie im Sternengestöber, das vom Firmament fällt, und wie im Getrümmer zersplitterter Sonnen.
Siehe, die Gestalten unsres Geistes sammeln sich zu Heeren und ziehn von uns hinweg mit fliegenden Flammen –
Meines Volkes Erntekronen wurden Opferkränze!
Unsre Städte sind wie große Altäre, die Tag und Nacht brennen, und unsre Dome liegen da wie offne Weihgefäße.
Unsre Türme stehn wie Kerzen in den Nächten.
Unsre Bilder haben Flügel bekommen, und die Seiten unsrer Bücher wehen durch die Luft wie brennendes Laub:

Wir hatten eine Welt beschenkt, und wir beschenken nun die unsichtbaren Räume –
Wer will eine Ernte rauben, die im Schoß des Unsichtbaren keimt?

Das Geopferte ist unser Reichtum, und das Entschwundne
unser heilger Überfluß!
Zerstöre unsre Dächer, Sturm, und zerstreue unsre niedre
Habe,
Unser Edelgut ist längst geborgen, es hat nur den Raum und
die Gestalten vertauscht:
Wie Abendrot geht es vor unsren Tränen unter, wie
Morgenrot geht es vor unsern Seelen wieder auf –
Wer will uns das Geliebte aus den Seelen reißen?

DIE STIMME DER KIRCHE SPRICHT:

Erhebe dich, du Gebeugte, und freue dich empor, du tief verweinte Stadt!
Erwache auch in deiner Schattengruft, du herrlicher Dom!
Aus euren Trümmern ruf ich meinen Fürsten, aus eurer Tore Schutt geleit ich ihn zur Ehre.
Denn es war Erz in euren Mauern, das dem Feuer standhielt, es war Glockenerz darinnen, das keine Glut zerstörte.
Wie ein heller Ruf die Schläfer weckt, so weckte sein Mund die Wahrheit,
Wie ein kühner Pfeil das Ziel trifft, so traf seine Stimme mitten ins Schweigen –
Sie war wie ein Quellaut in der Wüste, sie war wie ein Stromlaut im verdurstenden Lande.
Aus diesen Trümmern ruf ich meinen Fürsten, aus dieser Tore Schutt geleit ich ihn zur Ehre!
Siehe, ich schmücke ihn mit dem Purpur unsres Heilands: ich bekleide seine Schultern mit der heilgen Farbe der Erlösung.
Ins Rot der Liebe, die für uns am Kreuze starb, hüll ich ihn ein,
Daß ich ihn noch tiefer tauche in die Herzflut des Erbarmens, daß ich ihn noch näher wohnen lasse bei unsrem ewigen Trost.
Erhebet euch, ihr Gebeugten, und freuet euch empor, ihr Verweinten im ganzen Lande!
Erwacht aus euren Schattengrüften, ihr herrlichen Dome!
Ihr schönen Kirchen alle, sprengt die Todeskammern:

Arme, blutgetränkte Erde, blühe wieder auf am heilgen Blut des Herrn!
Denn die Liebe, die für uns am Kreuze starb, ist nicht gestorben: Alle, die ich mit ihr tröste, werden auferstehn!

REGINA ULLMANN
1884-1961

Erwachen

Ich lag in dir noch unverzweigt,
du tiefer Felsen einer Nacht;
so kalt wie Stein und trostesarm.

Da fühlt ich plötzlich, wie der Tag
sich an dem Sein im Licht verfing
und liebewarm und flammenhaft
sich an die kleinsten Dinge hing.

Da war ich wach.
Doch war mir noch ein Silberklang,
der sich an einem Zimbal schlug,
erhörbar,
und meines Engels Morgengang.

Im Mohnfeld zur Gewitterszeit

Ich ging im Mohnfeld zur Gewitterszeit
vor vielen Jahren –
und es war mein Kleid
von rotem Seidenstoff und mächtig weit ...
wie umgestülpter Mohn aus Seidenhaaren.

Und schlug ein Rad aus mir und deckt' das Feld
vor den Gefahren –
und rief als Zeugen mich der höhern Welt,
die mich auf dieses rote Feld bestellt
für diesen Tag vor ungezählten Jahren!

Der Zornige

Könnt ich ihn unbeirrt im Zorne lenken,
wie man Gespanne durchs Gewitter treibt!
Wenn er im Blitz wie vor sich selber scheut,
am Abgrund jäh vorbei zur Brücke schwenken,
die donnernd ihn dem Lande einverleibt.

Schönheit

Du bist vollkommen, doch dir fehlt das eine,
daß du schon alles hast, was dir gebricht!
Nicht wie die Kinder, die zum Feste eilen
und im Dahingehn schon den Schmuck verteilen,
den wir für sie gehegt im Sonnenlicht;
du bist wie Steine ohne eignes Licht! –

Und stirbt sie auch,
so trifft dich kein Verschulden.
Sie hat sich ihren Tod
selbst wie ein Hemd gewoben
und hat sich eng und hart hineingeschoben,
die Formeln murmelnd,
die diesen grauen Sinn
nach innen wachsen machen
und sie ganz umschließen.
Daß nicht ein Baum
und nicht ein Vogelsang

und alle Süße, die in reifen Früchten
geborgen ist,
sie jemals mehr durchbricht.
Sie stirbt so wie ein Stein
in sandiger Ebene.
Es wird ihn keiner finden,
dies Sein zerteilt sich wieder
in das Land.
Und nur Jahrtausende noch,
die verwandeln
im Kreisen ihrer Erde,
sagen riesig: lieben.

Dichter

O wie schön.
Sieh, den Raum
zwischen Erd und Himmel
gibt es nicht.
Jede Silbe,
die du sprachest,
stand im Licht.
Hast du noch die Wälder
nicht gesehen,
die du schufest?
Mühlen gehn voll Macht,
schaufeln durch die Winde.
Herden stehn
wie Felder still,
deren leises Wellen
wir nicht sehen.
Alles streift den Himmel,
wie es will.
Flügelrauschen,
Schatten auf der Heide.
Altern Bäume,
Wind verjüngt.
Wind fiedert weich
sich zum Vogelkleide.
Frucht reift auf
zum Mahl.
Ist ein Ding auch Stein,
hats doch Weite,
ründet sich und bleibt,
deinem Wort bereit
in Ewigkeit.

EMMY HENNINGS
1885-1948

Traum

Ich bin so vielfach in den Nächten.
Ich steige aus den dunklen Schächten.
Wie bunt entfaltet sich mein Anderssein.

So selbstverloren in dem Grunde,
Nachtwache ich, bin Traumesrunde
Und Wunder aus dem Heiligenschrein.

Und öffnen sich mir alle Pforten,
Bin ich nicht da, bin ich nicht dorten?
Bin ich entstiegen einem Märchenbuch?

Vielleicht geht ein Gedicht in ferne Weiten.
Vielleicht verwehen meine Vielfachheiten,
Ein einsam flatternd, blasses Fahnentuch ...

Ätherstrophen

Jetzt muß ich aus der großen Kugel fallen.
Dabei ist in Paris ein schönes Fest.
Die Menschen sammeln sich am Gare de l'est
Und bunte Seidenfahnen wallen.
Ich aber bin nicht unter ihnen.
Ich fliege in dem großen Raum.
Ich mische mich in jeden Traum
Und lese in den tausend Mienen.
Es liegt ein kranker Mann in seinem Jammer.
Mich hypnotisiert sein letzter Blick.
Wir sehnen einen Sommertag zurück ...
Ein schwarzes Kreuz erfüllt die Kammer ...

An die Scheiben schlägt der Regen.
Eine Blume leuchtet rot.
Kühle Luft weht mir entgegen.
Wach ich, oder bin ich tot?

Eine Welt liegt weit, ganz weit,
Eine Uhr schlägt langsam vier.
Und ich weiß von keiner Zeit,
In die Arme fall ich dir …

INA SEIDEL
1885-1974

Antlitz

Sieh, erst dachte ich, es sei der Mond,
Der in deinem Antlitz ohne Schatten
Wie in einer Silberschale wohnt.

Doch dann sah ich mit dir auf die Matten,
Sah das Tal, das deine Augen dir
Jahr für Jahr ins Herz gespiegelt hatten,

Sanfte Hügel, Fluß, Gewölk vor mir.
Und ich blickte in die lichte Landschaft
Als in einen Widerschein von dir

Und erkannte zärtliche Verwandtschaft.

Leben

Süß ist – süß – der unbefriedigte Gott,
Sein Locken hinter den Wäldern mit Hirtenflöten,
Sein Jubilieren im Dickicht gleich dem des Sprossers,
Ziehn dich zu ihm, nach seinen Lippen begierig.

Süß ist – süß – der müde, gestillte Gott –
Tief gesättigt von Opfer und von Gesang,
Trunken von deines Herzens jungem Schaum
Schlummert er unter Sternen. Und dir ist leicht.

Süß ist – süß – der endlich verstandene Gott,
Der nichts wollte, als daß am Abend
Du aufschwebtest – von seinem Odem
Hingehauchte, wehende Wolke. –

Kleine Präludien

Nun gehen uns die Augen auf,
Schlummerknospen, von Träumen schwer,
Nun sehn wir, daß der Tiere Gebein
Nahe dem Staub der Könige ruht.

Eine helle Harfe liebt ich sehr.
Aber diese Harfe tönt nicht mehr.
Weil er, der sie spielte,
Sprach: Es ist genug!
Und die Harfe aufhob
Und am Mond zerschlug.

Der Ahorn

Ich werde den Ahorn wiederfinden.
Einmal am Ende der Tage
wird es sein, daß ich zu ihm sage:
Ahorn, wo warst du so lang?

Er ist alt und selig geworden,
er nimmt mich in seine Äste,
er wiegt mich im herbstlichen Neste:
Kind, wo warst du so lang?

Die lange Übung

Du wirst vielleicht durch lange Übung langsam
die ersten Zeilen des Gebetes lernen.
Wenn du sie kannst, wird er sich dann entfernen
aus dem Bereich der leicht gesagten Worte. –

Und diese ersten Zeilen des Gebetes
sind alles was du mitnimmst auf die Reise.
Sie bleiben die nie aufgezehrte Speise
für dich an dem von ihm bestimmten Orte.

Du wirst die ersten Zeilen des Gebetes
mitbringen, wenn du wiederkehrst von drüben,
und ihrer mächtig wirst du weiter üben –
und einmal wird Gebet sein ohne Worte. –

CLAIRE GOLL
1891-1977

Alle Süsswasser fließen dir zu:
Die Wolken fallen vor dir in die Knie
Die Flüsse suchen dich durch die ganze Welt
Die Springbrunnen stellen sich auf die Zehenspitzen
Um dich besser zu sehen
Brunnen flüstern deine Lieder in allen Sprachen
Teiche erfinden neue Fische um dich zu nähren
Die Seen sind die zerbrochenen Spiegel deiner Träume
Ein Springquell steigt aus meinem Herzen:
Höher als die Säule des Trajan.

Zehn Jahre schon daß du mich liebst
Zehn Jahre zehn Minuten gleich
Und immer seh ich dich zum ersten Mal:

Die Taschen voller Rosen
Künftige Tränen hinter der Brille
Wie Diamanten in Vitrinen
In deiner Brust eine Lerche
Und unter den schüchternen Handschuhn
die Zärtlichkeiten der Zukunft

Zehn Jahre schon daß du mich liebst
Daß auf allen Uhren
Die Zeit auf immer stillstand

Wenn dein Schritt verweht im Unendlichen
Bin ich eifersüchtig auf jeden Zug
Der dich allein in die Zukunft trägt
Mit jeder Meile wächst meine Angst
Dein Herz könnte verunglücken
Und unter die Räder des großen Wagens
Am Himmel geraten

Schon sehe ich dein Haupt zu Erde werden
Dein Auge zu Stern
Deine Liebe zu Thymian
Der bei den Gräbern wächst

Immer wenn du fort bist
Erwarte ich bebend den radelnden Engel
Mit der Depesche deines Todes

WO SOLL MAN WEINEN in dieser Stadt
Mit dem asphaltierten Himmel?
Immer irrend zwischen den Passanten
Zwischen den Winden
Einsamer als ein Baum der Boulevards
Der von seinem Aprilwald träumt

Sehr fern vom Leben möchte ich sein
An den Ufern deiner Augen
Den beiden Bergseen
Unter dem Kaukasus deiner Stirn
Mich verbergen hinter deinen Wimpern
Meinen Trauerweiden
Und im krausen Farn deiner Haare
Wo wir so oft Selbstmord planten
Die Hasen das Zinnkraut und ich
Auch Angst vor November

Und wenn dein letzter Vers verklungen ist
Werden die Klagerosen kommen
In ihren durchnäßten Schals
Die Jungfrauen unter den Rosen
Mit den wächsernen Wangen
Immer in Weiß
Die Moosrosen, Dorfkinder mit Sommersprossen
Die die Baumschule schwänzen
Die fröstelnden Waisen
Mit ihrem Vormund aus Bambus
Und die alten Rosen krankend
Am Aussatz des Rosenstocks

Es werden die Rosen aller Maimonate kommen
Die Heckenrosen, Rosen des Volks
Und die mondänen Rosen der Schlösser
Die billigen Bastardrosen
An Straßenecken sich hingebend
Die Prinzessinnen aus Bengalien
Die Töchter des Hafis
Und du erste Rose aus der Hand des Geliebten
Konkurrentin der Himmelsrose!

Mit Tränen unter den Lidern
Werden sie zweimal blühen
Wie die Rose von Pästum
Oder immer aufs neue
Wie die von Jericho

Alle Rosen der Welt werden unsre Träume
In andern Gärten weiterträumen

NELLY SACHS
1891-1970

Und das Sinken geschieht
um des Steigens willen
Buch Sohar

EINER WAR,
Der blies den Schofar –
Warf nach hinten das Haupt,
Wie die Rehe tun, wie die Hirsche
Bevor sie trinken an der Quelle.
Bläst:
Tekia
Ausfährt der Tod im Seufzer –
Schewarim
Das Samenkorn fällt –
Terua
Die Luft erzählt von einem Licht!
Die Erde kreist und die Gestirne kreisen
Im Schofar,
Den Einer bläst –
Und um den Schofar brennt der Tempel –
Und Einer bläst –
Und um den Schofar stürzt der Tempel –
Und Einer bläst –
Und um den Schofar ruht die Asche –
Und Einer bläst –

Chor der Geretteten

Wir Geretteten,
Aus deren hohlem Gebein der Tod schon seine Flöten
schnitt,
An deren Sehnen der Tod schon seinen Bogen strich –
Unsere Leiber klagen noch nach
Mit ihrer verstümmelten Musik.
Wir Geretteten,
Immer noch hängen die Schlingen für unsere Hälse gedreht
Vor uns in der blauen Luft –
Immer noch füllen sich die Stundenuhren mit unserem
tropfenden Blut.
Wir Geretteten,
Immer noch essen an uns die Würmer der Angst.
Unser Gestirn ist vergraben im Staub.
Wir Geretteten
Bitten euch:
Zeigt uns langsam eure Sonne.
Führt uns von Stern zu Stern im Schritt.
Laßt uns das Leben leise wieder lernen.
Es könnte sonst eines Vogels Lied,
Das Füllen des Eimers am Brunnen
Unseren schlecht versiegelten Schmerz aufbrechen lassen
Und uns wegschäumen –
Wir bitten euch:
Zeigt uns noch nicht einen beißenden Hund –
Es könnte sein, es könnte sein
Daß wir zu Staub zerfallen –
Vor euren Augen zerfallen in Staub.
Was hält denn unsere Webe zusammen?
Wir odemlos gewordene,
Deren Seele zu Ihm floh aus der Mitternacht
Lange bevor man unseren Leib rettete
In die Arche des Augenblicks.

Wir Geretteten,
Wir drücken eure Hand,
Wir erkennen euer Auge –
Aber zusammen hält uns nur noch der Abschied,
Der Abschied im Staub
Hält uns mit euch zusammen.

Geschirmt sind die Liebenden
unter dem zugemauerten Himmel.
Ein geheimes Element schafft ihnen Atem
und sie tragen die Steine in die Segnung
und alles was wächst
hat nur noch eine Heimat bei ihnen.

Geschirmt sind die Liebenden
und nur für sie schlagen noch die Nachtigallen
und sind nicht ausgestorben in der Taubheit
und des Waldes leise Legenden, die Rehe,
leiden in Sanftmut für sie.

Geschirmt sind die Liebenden
sie finden den versteckten Schmerz der Abendsonne
auf einem Weidenzweig blutend –
und üben in den Nächten lächelnd das Sterben,
den leisen Tod
mit allen Quellen, die in Sehnsucht rinnen.

IMMER
dort wo Kinder sterben
werden die leisesten Dinge heimatlos.
Der Schmerzensmantel der Abendröte
darin die dunkle Seele der Amsel
die Nacht heranklagt –
kleine Winde über zitternde Gräser hinwehend
die Trümmer des Lichtes verlöschend
und Sterben säend –

Immer
dort wo Kinder sterben
verbrennen die Feuergesichter
der Nacht, einsam in ihrem Geheimnis –
Und wer weiß von den Wegweisern
die der Tod ausschickt:
Geruch des Lebensbaumes,
Hahnenschrei der den Tag verkürzt
Zauberuhr vom Grauen des Herbstes
in die Kinderstuben hinein verwunschen –
Spülen der Wasser an die Ufer des Dunkels
rauschender, ziehender Schlaf der Zeit –

Immer
dort wo Kinder sterben
verhängen sich die Spiegel der Puppenhäuser
mit einem Hauch,
sehen nicht mehr den Tanz der Fingerliliputaner
in Kinderblutatlas gekleidet;
Tanz der stille steht
wie eine im Fernglas
mondentrückte Welt.

Immer
dort wo Kinder sterben
werden Stein und Stern
und so viele Träume
heimatlos.

Stimme des Heiligen Landes

O MEINE KINDER,
Der Tod ist durch eure Herzen gefahren
Wie durch einen Weinberg –
Malte *Israel* rot an alle Wände der Erde.

Wo soll die kleine Heiligkeit hin
Die noch in meinem Sande wohnt?
Durch die Röhren der Abgeschiedenheit
Sprechen die Stimmen der Toten:

Leget auf den Acker die Waffen der Rache
Damit sie leise werden –
Denn auch Eisen und Korn sind Geschwister
Im Schoße der Erde –

Wo soll denn die kleine Heiligkeit hin
Die noch in meinem Sande wohnt?

Das Kind im Schlafe gemordet
Steht auf; biegt den Baum der Jahrtausende hinab
Und heftet den weißen, atmenden Stern
Der einmal Israel hieß
An seine Krone.
Schnelle zurück, spricht es
Dorthin, wo Tränen Ewigkeit bedeuten.

Kommt einer
von ferne
mit einer Sprache
die vielleicht die Laute
verschließt
mit dem Wiehern der Stute
oder
dem Piepen
junger Schwarzamseln
oder
auch wie eine knirschende Säge
die alle Nähe zerschneidet

Kommt einer
von ferne
mit Bewegungen des Hundes
oder
vielleicht der Ratte
und es ist Winter
so kleide ihn warm
kann auch sein
er hat Feuer unter den Sohlen
(vielleicht ritt er
auf einem Meteor)
so schilt ihn nicht
falls dein Teppich durchlöchert schreit –

Ein Fremder hat immer
seine Heimat im Arm
wie eine Waise
für die er vielleicht nichts
als ein Grab sucht.

DIESE NACHT
ging ich eine dunkle Nebenstraße
um die Ecke
Da legte sich mein Schatten
in meinen Arm
Dieses ermüdete Kleidungsstück
wollte getragen werden
und die Farbe Nichts sprach mich an:
Du bist jenseits!

HINTER DER TÜR
ziehst du an dem Sehnsuchtsseil
bis Tränen kommen
In dieser Quelle spiegelst du dich –

Auf und ab gehe ich
in der Stubenwärme
Die Irren im Korridor kreischen
mit den schwarzen Vögeln draußen
um die Zukunft
Unsere Wunden sprengen die böse Zeit
aber die Uhren gehen langsam –

Diese Telegrafie mißt mit der Mathematik à la satane
die empfindlich musizierenden Stellen
an meinem Leib aus
Ein Engel aus den Wünschen der Liebe erbaut
stirbt und aufersteht in den Buchstaben
in denen ich reise –

GERTRUD KOLMAR
1894-1943

Die Dichterin

Du hältst mich in den Händen ganz und gar.

Mein Herz wie eines kleinen Vogels schlägt
In deiner Faust. Der du dies liest, gib acht;
Denn sieh, du blätterst einen Menschen um.
Doch ist es dir aus Pappe nur gemacht,

Aus Druckpapier und Leim, so bleibt es stumm
Und trifft dich nicht mit seinem großen Blick,
Der aus den schwarzen Zeichen suchend schaut,
Und ist ein Ding und hat ein Dinggeschick.

Und ward verschleiert doch gleich einer Braut,
Und ward geschmückt, daß du es lieben magst,
Und bittet schüchtern, daß du deinen Sinn
Aus Gleichmut und Gewöhnung einmal jagst,

Und bebt und weiß und flüstert vor sich hin:
»Dies wird nicht sein.« Und nickt dir lächelnd zu.
Wer sollte hoffen, wenn nicht eine Frau?
Ihr ganzes Treiben ist ein einzig: »Du ...«

Mit schwarzen Blumen, mit gemalter Brau,
Mit Silberketten, Seiden, blaubesternt.
Sie wußte manches Schönere als Kind
Und hat das schönre andre Wort verlernt. –

Der Mann ist soviel klüger, als wir sind.
In seinem Reden unterhält er sich
Mit Tod und Frühling, Eisenwerk und Zeit;
Ich sage: »Du …« und immer: »Du und ich.«

Und dieses Buch ist eines Mädchens Kleid,
Das reich und rot sein mag und ärmlich fahl,
Und immer unter liebem Finger nur
Zerknittern dulden will, Befleckung, Mal.

So steh ich, weisend, was mir widerfuhr;
Denn harte Lauge hat es wohl gebleicht,
Doch keine hat es gänzlich ausgespült.
So ruf ich dich. Mein Ruf ist dünn und leicht.

Du hörst, was spricht. Vernimmst du auch, was fühlt?

Die Fahrende

Alle Eisenbahnen dampfen in meine Hände,
Alle großen Häfen schaukeln Schiffe für mich,
Alle Wanderstraßen stürzen fort ins Gelände,
Nehmen Abschied hier; denn am andern Ende,
Fröhlich sie zu grüßen, lächelnd stehe ich.

Könnt ich einen Zipfel dieser Welt erst packen,
Fänd ich auch die drei andern, knotete das Tuch,
Hängt es auf einen Stecken, trügs an meinem Nacken,
Drin die Erdenkugel mit geröteten Backen,
Mit den braunen Kernen und Kalvillgeruch.

Schwere eherne Gitter rasseln fern meinen Namen,
Meine Schritte bespitzelt lauernd ein buckliges Haus;
Weit verirrte Bilder kehren rück in den Rahmen,
Und des Blinden Sehnsucht und die Wünsche des Lahmen
Schöpft mein Reisebecher, trinke ich durstig aus.

Nackte, kämpfende Arme pflüg ich durch tiefe Seen,
In mein leuchtendes Auge zieh ich den Himmel ein.
Irgendwann wird es Zeit, still am Weiser zu stehen,
Schmalen Vorrat zu sichten, zögernd heimzugehen,
Nichts als Sand in den Schuhen Kommender zu sein.

Die Jüdin

Ich bin fremd.

Weil sich die Menschen nicht zu mir wagen,
Will ich mit Türmen gegürtet sein,
Die steile, steingraue Mützen tragen
In Wolken hinein.

Ihr findet den erzenen Schlüssel nicht
Der dumpfen Treppe. Sie rollt sich nach oben,
Wie platten, schuppigen Kopf erhoben
Eine Otter ins Licht.

Ach, diese Mauer morscht schon wie Felsen,
Den tausendjähriger Strom bespült;
Die Vögel mit rohen, faltigen Hälsen
Hocken, in Höhlen verwühlt.

In den Gewölben rieselnder Sand,
Kauernde Echsen mit sprenkligen Brüsten –
Ich möcht eine Forscherreise rüsten
In mein eigenes uraltes Land.

Ich kann das begrabene Ur der Chaldäer
Vielleicht entdecken noch irgendwo,
Den Götzen Dagon, das Zelt der Hebräer,
Die Posaune von Jericho.

Die jene höhnischen Wände zerblies,
Schwärzt sich in Tiefen, verwüstet, verbogen;
Einst hab ich dennoch den Atem gesogen,
Der ihre Töne stieß.

Und in Truhen, verschüttet vom Staube,
Liegen die edlen Gewänder tot,
Sterbender Glanz aus dem Flügel der Taube
Und das Stumpfe des Behemoth.

Ich kleide mich staunend. Wohl bin ich klein,
Fern ihren prunkvoll mächtigen Zeiten,
Doch um mich starren die schimmernden Breiten
Wie Schutz, und ich wachse ein.

Nun seh ich mich seltsam und kann mich nicht kennen,
Da ich vor Rom, vor Karthago schon war,
Da jäh in mir die Altäre entbrennen
Der Richterin und ihrer Schar.

Von dem verborgenen Goldgefäß
Läuft durch mein Blut ein schmerzliches Gleißen,
Und ein Lied will mit Namen mich heißen,
Die mir wieder gemäß.

Himmel rufen aus farbigen Zeichen.
Zugeschlossen ist euer Gesicht:
Die mit dem Wüstenfuchs scheu mich umstreichen,
Schauen es nicht.

Riesig zerstürzende Windsäulen wehn,
Grün wie Nephrit, rot wie Korallen,
Über die Türme. Gott läßt sie verfallen
Und noch Jahrtausende stehn.

Das Tier

Komm her. Und siehe meinen Tod, und siehe dieses ewige
Ach,
Die letzte Welle, die verläuft, durchzitternd meinen Flaus,
Und wisse, daß mein Fuß bekrallt und daß er flüchtig war
und schwach,
Und frag nicht, ob ich Hase sei, das Eichhorn, eine Maus.

Denn dies ist gleich. Wohl bin ich dir nur immer böse oder
gut;
Der Willkürherrscher heißest du, der das Gesetz erdenkt,
Der das nach seinen Gliedern mißt wie seinen Mantel,
seinen Hut
Und in den Mauern seiner Stadt den Fremdling drückt und
kränkt.

Die Menschen, die du einst zerfetzt: an ihren Gräbern liegst
du stumm;
Sie wurden leidend Heilige, die goldnes Mal verschloß.
Du trägst der toten Mutter Haut und hängst sie deinem
Kinde um,
Schenkst Spielwerk, das der blutigen Stirn Gemarterter
entsproß.

Denn lebend sind wir Vieh und Wild; wir fallen: Beute,
Fleisch und Fraß –
Kein Meerestau, kein Erdenkorn, das rückhaltlos ihr gönnt.
Mit Höll und Himmel schlaft ihr ein; wenn wir verrecken,
sind wir Aas,
Ihr aber klagt den Gram, daß ihr uns nicht mehr morden
könnt.

Einst gab ich meine Bilder her, zu denen du gebetet hast,
Bis du den Menschengott erkannt, der nicht mehr Tiergott
lieb,
Und meinen Nachwuchs ausgemerzt und meinen Quell in
Stein gefaßt
Und eines Höchsten Satz genannt, was deine Gierde schrieb.

Du hast die Hoffnung und den Stolz, das Jenseits, hast noch
Lohn zum Leid,
Der, unantastbar dazusein, in deine Seele flieht;
Ich aber dulde tausendfach, im Federhemd, im Schuppen-
kleid,
Und bin der Teppich, wenn du weinst, darauf dein Jammer
kniet.

Hexe

Die Monde gehen auf, die Monde gehen nieder;
Mein Tag ist immer doch der gleiche Tag.
Du liebes Angesicht. Dich kränzen bunte Lieder,
Der Meise blaues Läuten, schwarzer Amselschlag.

So sammetschwarzer Amselschlag, du Helle,
So silberweißer Flötenjubel, dunkles Bild.
Waldmädchen du. Die Moose hüten deine Schwelle.
Zu deinem Brunnen bückt das Wild

Die braunen Häupter mit den sprießenden Geweihen.
Und deine Nächte sind
Ganz angefüllt mit seltnen pfauenfarbnen Schreien
Und ginstergelbem Flüsterwind.

Smaragdeidechse. Kleine goldenbraune Schleiche,
Um die noch Glanz des Laubes schwärt,
Das sommermüd verfällt in Elsenspiegel, Teiche
Und mit dem Schweigen abwärts fährt.

Mein einziger Besitz. Dich kann ich immer wandeln,
Verzaubern dich. Ich kann dir Hexe sein.
So werd in meinem Park ein Strauch mit süßen Mandeln,
Auf meinem Tische Glas mit bernsteinklarem Wein.

Durchsichtig reife Erde. Komm, ich will dich trinken,
Dich Kraft. Und eine Mauer sehn,
Die schwere bronzne Löwenklau der Pforte klinken
Und wieder unterm Baum des Paradieses stehn.

Die Einsame

Ich ziehe meine Einsamkeit um mich.
Sie ist so wie ein wärmendstes Gewand
An mir geworden ohne Kniff noch Stich,
Wenn auch der Ärmel fällt tief über meine Hand.

Ein Ungekannter hat ihr Maß gezirkt,
Die fremdes Antlitz fühlt als trübes Wehn;
Die großen Schwarzhalsschwäne sind gewirkt
In ihre Falten; aber ich nur kann sie sehn.

Es tun sich meine innren Blicke auf
– Ein Pfauenauge, das die Flügel schließt –
Und schaun der Welle jadefarbnen Lauf,
Die alle Säume licht und strömend übergießt.

Sie feuchten so wie einer Elbe Haar.
Sie tragen noch den Fluß. Sie schleppen tief.
Und graues Berggestade fängt das Jahr,
Das wie ein Vogel ängstlich seine Tage rief.

Und nun ist Schweigen. Und das Kleid schwillt nun.
Und ich muß wachsen, daß es mir noch ziemt,
Drin Fische, wie sie niemals wirklich tun,
Um meine Brüste schweben, purpurblau gekiemt.

Der Erde Körner sind hineingesät.
Aus meiner Schulter bricht ein Felsengold,
Das Tuch durchschimmernd, das sich schleift und bläht
Und langsam über meiner Stirn zusammenrollt.

Die Verlassene

An K. J.

Du irrst dich. Glaubst du, daß du fern bist
Und daß ich dürste und dich nicht mehr finden kann?
Ich fasse dich mit meinen Augen an,
Mit diesen Augen, deren jedes finster und ein Stern ist.

Ich zieh dich unter dieses Lid
Und schließ es zu und du bist ganz darinnen.
Wie willst du gehn aus meinen Sinnen,
Dem Jägergarn, dem nie ein Wild entflieht?

Du läßt mich nicht aus deiner Hand mehr fallen
Wie einen welken Strauß,
Der auf die Straße niederweht, vorm Haus
Zertreten und bestäubt von allen.

Ich hab dich liebgehabt. So lieb.
Ich habe so geweint ... mit heißen Bitten ...
Und liebe dich noch mehr, weil ich um dich gelitten,
Als deine Feder keinen Brief, mir keinen Brief mehr schrieb.

Ich nannte Freund und Herr und Leuchtturmwächter
Auf schmalem Inselstrich,
Den Gärtner meines Früchtegartens dich,
Und waren tausend weiser, keiner war gerechter.

Ich spürte kaum, daß mir der Hafen brach,
Der meine Jugend hielt – und kleine Sonnen,
Daß sie vertropft, in Sand verronnen.
Ich stand und sah dir nach.

Dein Durchgang blieb in meinen Tagen,
Wie Wohlgeruch in einem Kleide hängt,
Den es nicht kennt, nicht rechnet, nur empfängt,
Um immer ihn zu tragen.

Nachruf

Ich werde sterben, wie die Vielen sterben;
Durch dieses Leben wird die Harke gehn
Und meinen Namen in die Scholle kerben.
Ich werde leicht und still und ohne Erben
Mit müden Augen kahle Wolken sehn,

Den Kopf so neigen, so die Arme strecken
Und tot sein, ganz vergangen sein, ein Nichts.
Und Bettler klammern noch die Wanderstecken
Wie Zauberruten, stehn an Straßenecken,
In leerem Hut das Gold des Abendlichts,

Das ihre magren Finger doch nicht halten,
Dafür der Händler nie Kartoffeln tauscht.
Ich aber liege satt und warm im Kalten,
Und Zorn und Gram und Lust und Händefalten
Sind Meer, davon die große Muschel rauscht ...

Ich war. Und werde Staub, den Füße trampeln.
Ich weiß es. Ihr. Ihr starbet lang und seid.
Die Krämer rechnen und die Narren hampeln;
Ihr wartet schweigend unter roten Ampeln
So sanft und unerbittlich wie das Leid,

Den Arm noch festgeschnallt am Henkerkarren,
Und einem strahlt das Messer in der Brust.
Da raffen Diebe, und da peitschen Narren,
Und ich bin Staub, den tausend Füße scharren,
Ich bin – und habe doch von euch gewußt.

Und hab auf diesem Antlitz euch getragen;
Der schwache Spiegel ward es, der euch fing,
Der hingestürzt, erblindet und zerschlagen.
Ach ich. Was bin ich euren ewigen Tagen
Als Blick, als Sandkorn, rinnend und gering?

Die weiche Krume Lehm, die ihr geknetet
Und noch zur Form mit harten Händen zwingt.
Ihr. Die ihr ernst aus euren Nischen tretet,
Was wißt ihr von dem Herzen, das euch betet,
Was von dem Mund, der eure Glorie singt?

ELISABETH LANGGÄSSER
1899-1950

Vorfrühling

Ihr wunden Wasserflächen,
was rillte euren Lauf?
Ach, in der Tiefe brechen
die alten Schmerzen auf.

Es reißt die Wolkenmütze.
Es tanzt des Lichtes Fall
im Froschmaul einer Pfütze
wie der Prinzessin Ball.

Es klagt aus allen Weiden
ein wilder, junger Glanz –
den Schildbruch mußten leiden
Gawein und Gurnemanz.

Den Bruch der Knospen-Giebel,
den wehen weißen Glanz.
Wer schildete so übel
Gawein und Gurnemanz?

Wer schmiedete vergebens
die wilde Schönheit fest,
den Knospenbruch des Lebens?
Es war der Schmied Hephäst.

Die alten Schmerzen brachen,
die Götter brechen auf:
Im Glanz der Wasserlachen
kommt Braut und Ball herauf.

Milder Tag im Vorfrühling

Treiben einander auf wolkigen Bänken
unruhigen Lichtes die Luftgeister zu?
Brechender Blätter in braunroten Senken
zartes Gezirp wie aus persischen Schänken,
Licht über Mittag wie Blut unterm Schuh ...

Lüften Flamingos die schwellenden Flügel?
Faltet die Ahnung der Rose sich auf?
Schneebeerstrauch trägt seine lieblichen Hügel
Hebe als Brüstchen an, und aus dem Tiegel
winziger Sternschalen sät sich zu Hauf

Samen der Goldraute rings in die Runde,
daß er den Wind nicht, den Kuppler, versäumt.
Sperlingsmann ist schon mit Kore im Bunde:
Stygischer Bote, der wispernde Kunde,
Laub aus dem Vorjahre, aufhebt und räumt.

Dehnt sich der Ring dieser wehenden Hecken?
Tanzte ein Kiesel auf grundlosem See?
Spukhaft verbeugen, einander zu necken,
sich zwei Gestalten in mausgrauen Röcken:
Birgit von Schweden begrüßt Litaipe.

Räume, sie rücken in mystischen Bögen
näher zusammen, gezweigt vor dem Blau,
und wie bei Meisen an schaukelnden Trögen
zittert ihr Schattenbild, reiner als Regen,
tief in des Dichters weit offener Schau ...

Frühling 1946

Holde Anemone,
bist du wieder da
und erscheinst mit heller Krone
mir Geschundenem zum Lohne
wie Nausikaa?

Windbewegtes Bücken,
Woge, Schaum und Licht!
Ach, welch sphärisches Entzücken
nahm dem staubgebeugten Rücken
endlich sein Gewicht?

Aus dem Reich der Kröte
steige ich empor,
unterm Lid noch Plutons Röte
und des Totenführers Flöte
gräßlich noch im Ohr.

Sah in Gorgos Auge
eisenharten Glanz,
ausgesprühte Lügenlauge
hört' ich flüstern, daß sie tauge
mich zu töten ganz.

Anemone! Küssen
laß mich dein Gesicht:
Ungespiegelt von den Flüssen
Styx und Lethe, ohne Wissen
um das Nein und Nicht.

Ohne zu verführen,
lebst und bist du da,
still mein Herz zu rühren,
ohne es zu schüren –
Kind Nausikaa!

Frühsommer

O, wie das Grüne sich andrängt:
Graugrünes, blaugrünes Meer!
Wie es sich bäumt und in Windeln
weißlichen Spelzes, in Spindeln,
stäubenden, still sich verengt.
Bis zu den Stallungen her
tritt es, das endlose Meer.

Hier: zugleich Szepter und Springflut,
schießt's vom Rhabarber empor.
Dort flößt es Tagtraum und Trauer
durch die holundrische Mauer,
die auf der Bachsohle ruht.
Und sein Gelispel im Ohr,
hoch hebt der Nöck sich empor.

Vielbrüstig lehnt es als Schneeball,
schaumig den Zäunen sich an.
Göttin aus Ephesus: weichen
mußt du der Rose und bleichen,
blasseste Blüte des All.
Schneeballstrauch, mondgrüner Schwan
schweig und begrenze die Bahn.

Späte Zeit

Das hohe Luftmeer, trunken
von wilder Gänse Ruf,
in grauem Gold versunken
bis über Haar und Huf
die Kühe, die an Hopfen,
an Pfaffenhut vorbei
und roten Spargeltropfen
hinwandern zwei und zwei.

Zwischen kretischen Hörnern die Sonne
und ein Glänzen von Bug zu Bug.
Minotaurus, der zeugenden Wonne,
Ach, wann ist es genug dir, genug?

Die aufgesprengten Schoten,
gebären fort und fort,
im Schlaf wird angeboten
der Nibelungenhort.
An Flut und Staub verhandelt
sind Krone, Ball und Ring
und schon in Schmerz verwandelt
und Abschied jedes Ding.

Ach, wer weiß noch, wie schnell sich verhärtet
eine Narbe, und wie es geschah,
daß die Lust sich nicht anders entwertet
wie ein Schwertknauf in Upsala?

So lenkte schon vor Tagen
aus des Peliden Zelt
der Vater seinen Wagen,
und fuhr ihn aus der Welt,
wie heute Holz und Rüben

ein Mann im Goldhelm fährt.
Die Frucht ist gutgeschrieben,
die Bitte ward gewährt.

Und was bleibt uns von Griechen und Goten
als in Upsalas Fenstern ein Schein:
Eine Saat pergamentener Schoten
und die Ulfilasbibel im Schrein.

Winterwende

Welches Kommen! Welches Gehen!
Hundepfiff und leiser Schrei.
Geisterhafte Lüfte wehen,
überm Dornwall schwarzer Schlehen
jagt Orion hoch vorbei.

Durch die sturmgepeitschten Lücken
dünnen Schneefalls tastet blind
nach dem Vater auf dem Rücken,
nach dem Sohn im Niederbücken,
sich Äneas gen den Wind.

Huschend kehrt ein flinker Schatte
mit der Schleppe seine Spur:
Helena im Leib der Ratte
sucht von neuem Heim und Gatte,
Liebe bettelt der Lemur.

Trojas Trümmer wandern weiter,
aufgebaut im Wolkenmeer,
aber des Gesanges Leiter
an die Zinnen, spukhaft heiter,
legt uns Armen kein Homer.

Altes kommt – und ist im Gehen:
Troja, Sternbild, Pfiff und Schrei.
Geisterhafte Lüfte wehen,
überm Dornwall schwarzer Schlehen
flammt ein Kreuz im Hirschgeweih.

PAULA LUDWIG
1900-1974

O du Lieblicher
mir aufgegangen in Sonne und Mond
im Kreisen der Sterne
in der Jahreszeiten klingendem Reigen

O du Lächelnder
in der kleinen Blüte des Grases
im leisen Atem des Säuglings
in der silbernen Locke des Greises

O du Zärtlicher
im scheuen Zwitschern des Vogels
im stillen Summen des Sommers
in der Schwester sanftem Gesang

O du Freundlicher
im blauen Schatten des Nußbaums
in der treuen Flamme des Herdes
in des Bruders geduldiger Hand

O du Spielender
im bunten Balle der Kindheit
im Ball der Planeten
in Licht und Finsternis
Glück und Unglück

O du Vertrauter
im großen Rauschen des Regens
im dunklen Rufe der Mutter
im müden Gruße des Abends

O du Gütiger
im klaren Strömen des Wassers
in der reifen Rundung des Brotes
in der tiefen Umarmung des Schlafs –

O du Trauriger
im dumpfen Falle des Herbstes
im späten Gange der Hirten
in der verödeten Gasse des Festes
in des Vaters vager Gestalt –

O du Weinender
im welken Geruche der Liebe
im verwaisten Schoße der Greisin
in der erloschenen Wohnung des Lichts

O du Weher
in den leeren Brüsten hungriger Mütter
Du Klagender in der Stummheit gefangener Fische
Du Wankender im grauen Zuge des Lasttiers

O du Banger
in der hohlen Stunde der Zukunft
Du Honig in der herben Schleuder des Schicksals

O du zarteste Hoffnung im Sichelmond
Du zitterndes Reis im Kusse des Frühwinds

O du Froher im Klange der Glocken
im Springen der Böcklein
in der Heimkehr des Sohnes –

Du Tanzender
in den roten Lettern der Liebesbotschaft
in der obersten Welle des Weltmeers
in der heulenden Flamme des Brandes
im Kreisel des Wahnsinns –

O du Weiser im Wandel der Zeit!

Du Geiziger im Vergeben der Gnade
du Verschwender in den Samen des Leids

O du dauerhaftes Gewebe des Grams
du fruchttragender Baum der Todesbazillen
du geschärfte Spitze des Giftpfeils

O du heilsame Grenze im Menschengeist!

Du schweifender Wolf der Gier
du schäumender Schierling der Wollust
du vergebliche Pilgerfahrt
du beschämter Engel der Notdurft
du versunkene Schwelle der Demut

O du gütiges Rauschen im Korn
du blechener Ton in der Schale des Bettlers

O du Höhnender in der Werkstatt des Ruhms
du Fliehender in den Straßen des Vorteils
du Eilender zu den Wassern der Reinheit
O du Verweilender bei den Gräbern am Wegsaum

O du gebannte Gebärde des Abschieds
du stählernes Geleise der Ewigkeit
entzweischneidend mitten die Menschenbrust

Du gelbes Signal der Abfahrt!
du steinerne Brücke über den flutenden Gewässern
der Vergänglichkeit
du verhallender Schritt in der schwarzen Allee des
Schweigens –

O du seliger Gast der Mitternacht
du fahles Gesicht der Frühe
du brennende Fußspur der Verbannten
du herdlos gewordene Flamme

O du schuldiges Menschen-Gesetz

O du Höhlung meiner Wange
du Schleifer meiner Schläfen
du Meißler meines Mundes

O du Tränenüberströmter am Tische der Hochzeit
du Schmerzgeblendeter im Spiegel meiner Augen

O du Heimat meiner Schmerzen
Heimat des Schnees
Geheimnis im Schneekristall
einsamstes Geheimnis

Immer wenn du zurückkommst
ist mirs
als sähe ich dich zum erstenmale:

Silbern stäubt es aus meiner Seele
wie aus den Weidenkätzchen
wenn der Frühlingswind
sie zum erstenmale berührt.

Der Stern der Mitternacht ist aufgegangen
alle andern Gestirne sind nicht mehr
der Wind hat aufgehört zu wehen
die Tiere atmen nicht mehr
Mein Leib ist nur noch Auge
das starrt zum unendlichen Himmel
in seinen einzigen Stern.

Nichts ist der Heimkehrenden hold –
dunkel erscheinen mir die Blumen am Wegrand
ich kann sie nicht mehr am Dufte erkennen

Ach, daß ein huschendes Tier
mein gleichgültiges Herz erschreckte!

Vielleicht bist auch du mir
Ursprung meiner schmerzlichen Wanderung
fremd geworden wie das blühende Antlitz der Heimat –

Meinen Füßen ein Teppich
über den ich hinschreite
nach dem Gesetz der Wolke
schattenwerfend
ihn nicht mehr berührend.

Wo ist der Freund
der meine Spur in Blumengärten sucht,
dort
wo im Winde nur die Türe ächzt
die ich beim Fortgehn
ach
vergaß zu schließen.

Am erweiterten Strande des Meeres
blieb ich zurück
klagend über die Flut
die das Meer mir brachte
und unerbittlich wieder zurücknahm.

Aber vielleicht ist es nur dies
daß ein Leben nicht ausreicht
abzuwarten
bis sie zurückkommt.

SEHT NICHT NACH MIR HIN, Freunde,
so strahlend war ich noch gestern
und heut bin ich wie das Tuch
mit dem man die Toten zudeckt.

WENN DIE KÄLTE ZU GROSS WIRD
dann stoßen auch sie
die geduldigen Vögel
einen Schrei aus
eh das Herz ihnen still steht.

MARIE LUISE KASCHNITZ
1901-1974

Kleine Ballade

Kehre ich heim in mein Vaterhaus
Find ich alle vier Wände im Lot
Einen Rasen wie Samt einen Stacheldrahtzaun
Eine Tafel mit Bettelverbot
Trägt mein Vater einen gut sitzenden Rock
Meine Mutter den seidensten Staat
Fällt mir bei Tisch mein Bruder ein
Der Tote der Soldat
Grab ich ihn aus setz ich ihn hin
Zwischen Fleißiges Lieschen zum Stein
Jetzt hast Du ein Bett jetzt wirst Du satt
Komm heim.
Wiegt er die Stirne einerlei
Hat die Hände voll weißem Brot
Steht auf geht hin am Haus vorbei
Gradwegs ins Morgenrot.

Machandelbaum

Alle Sehnen sind bloßgelegt
Alle Knöchlein
Beiseitegeschlossen
Reinlich mit Nummern versehen

Aber die Frage was jetzt
Erübrigt sich

Denn Zukunft
Kommt immer

Entgegengesprungen
Wie Quellwasser, diesen
Alten Bergabweg
Immer

Liegt, wenn
Es morgen wird
Unterm Machandelbaum
Der Zusammengefügte

Mit glatter Haut
Mit heilen Gliedern
Die Augen voll
Von Morgenrot

Geheim

Auf dem Schwarzen Brett eine Nachricht
In der Kammer die Morsezeichen
Ein Flaggenwinken vorüber
Am Himmel eine rasende Spur
O ihr Geheimnisse nur
Daß die Tage vergehen nur
Dieses leise unheimliche Rauschen
Auf dem seelenlosen Azur.

Seenot

Wir alle zu Rettende
Verkleidet in brandrote Westen
Zuversichtlich von alther
Aber wer sagt uns
Daß die Matrosen ihr Handwerk verstehen
Daß es ihnen gelingt die Boote aufs Wasser zu lassen
Daß sie schnell genug rudern
Daß nicht das Schiff uns in die Tiefe zieht
Wenn es sich aufbäumt brüllend und hinabfährt
Mit seinem Feuersegel Zeitvorbei
Zu den kalten weißen Korallen.

Über den Bettrand gebeugt

Über den Bettrand gebeugt
Seh ich die Bugwelle schäumen
Milchweiß und veilchenblau
Drüben von Wand zu Wand
Die kleinen fliegenden Fische
Im wolkigen Spiegelglas
Die schwarze Flosse des Hais
Meinen Tod wie er auftaucht
Verschwindet –

Nicht gesagt

Nicht gesagt
Was von der Sonne zu sagen gewesen wäre
Und vom Blitz nicht das einzig Richtige
Geschweige denn von der Liebe.
Versuche. Gesuche. Mißlungen
Ungenaue Beschreibung

Weggelassen das Morgenrot
Nicht gesprochen vom Sämann
Und nur am Rande vermerkt
Den Hahnenfuß und das Veilchen.

Euch nicht den Rücken gestärkt
Mit ewiger Seligkeit
Den Verfall nicht geleugnet
Und nicht die Verzweiflung

Den Teufel nicht an die Wand
Weil ich nicht an ihn glaube
Gott nicht gelobt
Aber wer bin ich daß

Tritte des Herbstes

Du lieber Herbst
Das Laub
Noch heiß vom Sommer
Und leuchtet feurig
Dann im Wind
Die feinen
Knöchernen Tritte
Zweigauf
Zweigab.

Nicht mutig

Die Mutigen wissen
Daß sie nicht auferstehen
Daß kein Fleisch um sie wächst
Am jüngsten Morgen
Daß sie nichts mehr erinnern
Niemandem wiederbegegnen
Daß nichts ihrer wartet
Keine Seligkeit
Keine Folter
Ich
Bin nicht mutig.

Diese drei Tage

Diese drei Tage
Vom Tod bis zum Grabe
Wie frei werd ich sein
Hierhin und dorthin schweifen
Zu den alten Orten der Freude

Auch zu euch
Ja auch zu euch
Merkt auf
Wenn die Vorhänge wehn
Ohne Windstoß
Wenn der Verkehrslärm abstirbt
Mitten am Tage
Horcht

Mit einer Stimme die nicht meine ist
Nicht diese gewohnte
Buchstabiere ich euch
Ein neues Alphabet

In den spiegelnden Scheiben
Lasse ich euch erscheinen
Vexierbilder
Alte Rätsel
Wo ist der Kapitän?
Wo sind die Toten?
Dieser Frage
Hingen wir lange nach

Zur Beerdigung meiner
Wünsche ich mir das Tedeum
Tedeum laudamus
Den Freudengesang

Unpassender-
Passenderweise

Denn ein Totenbett
Ist ein Totenbett mehr nicht
Einen Freudensprung
Will ich tun am Ende
Hinab hinauf
Leicht wie der Geist der Rose

Behaltet im Ohr
Die Brandung
Irgendeine
Mediterrane
Die Felsenufer
Jauchzend und donnernd
Hinab
Hinauf.

MERET OPPENHEIM
1913-1985

Verlassen, vergessen –
So schwarz am Haferstrand.
Ich will die Zeit nicht messen,
Die diesen Schmerz erfand.

Die gelben Wellen schlagen
Das neue Netz entzwei.
Sie kommen, gehn und sagen:
Das arme Allerlei!

Getreuer Kapitän

Sage es mir
Zeige mir die Stelle in den Wolken
Die der Flügel der Schwalbe öffnete
Das Wellental in den Haaren der Göttin
Die grünen Lichter im Wald.

Hier ist Nacht –
Böse Besen erschlagen die Kobolde
Kein Rad dreht sich mehr.

Das Dunkel kennt sich nicht
Es fragt auch nicht
Es ist eine Faust in einer Faust
Die niemand sieht.

Herbst

Der Vogel platzt geräuschlos und aus seinem Bauch steigt
Ein Springbrunnen braungoldener Federn
Die Pilze lösen sich vom Boden und schweben
Von der warmen Luft getragen
Bis an die Wolken
In den Wolken lachen die Hexen
Mit ihren Fasanenaugen
Mit ihren Pfauenwimpern
Mit ihren weißen Haaren
Mit ihren steinernen Brüsten.

VON BEEREN nährt man sich
Mit dem Schuh verehrt man sich
Husch, husch, der schönste Vokal entleert sich.

WELCH SCHÖNE FRAU
Nachtwandlerin
Mit ihrem Fächer
Der als Fächer dient
Angelehnt an den Stamm des Herkules.

HÖRST DU die Löwen brüllen
Vereint verbannt verzehrt
Der Tag hat sie geschlagen
Ohne Wiederkehr.

Ich spüre, wie sich mein Auge den Wäldern
und dem Mond zuwendet.
Ich fühle meinen Kompaß sich gegen diese
nahrhaften Sprichwörter richten.
Aber mein schönes Krokodil
Mein Krokodil aus Herz –
Wohin geht dein Stolz?

Die Wiesen und der Wald sind fast nicht mehr sichtbar, der Nebel verbirgt die Felder, wo vergessene Ernten ihre Körner fallen lassen. Die Nachtsonne legt sich auf eine honigfarbene Wolke.
Ihre Skeletthand hängt herab und durch ihre Finger fließen die Wellen des Schattens. Am Waldrand bittet ein verirrter Jäger die Hirsche um ein Glas Wasser.
Alles ist so still.

Ich muss die schwarzen Worte der Schwäne
aufschreiben. Die goldene Karosse am Ende der Allee
teilt sich, fällt um und schmilzt auf der
regenfeuchten Straße.
Eine Wolke bunter Schmetterlinge fliegt auf und
erfüllt den Himmel mit ihrem Getön.
Ach, das rote Fleisch und die blauen Kleeblätter,
sie gehen Hand in Hand.

Ohne mich ohnehin ohne Weg kam ich dahin ohne Brot
ohne Atem aber mitnichten mitneffen mit Kaspar
mit Kuchen so rund war er etwas eckig zwar
aber ohne Grasbewuchs mit Narben mit Warzen mit Fingern
Mit Stäben mit vielen O's und wenig W's
dafür mit ganz enorm wenig viel.
Oh falle du doch in dein Loch oh begrabe du dich doch selbst
und deine langatmige Hoffnung
gib deinem Ich einen Tritt deinem Es seinen Lohn
und was von dir übrig bleibt brate wie Fischlein im Öl
du kannst deine Schuhe abstreifen.

CHRISTINE LAVANT
1915-1973

DU SCHUTZPATRON DER IRREN,
ich weiß nicht, wie du heißt,
nicht, welcher Schrei dich preist
und ob du auch das Klirren
des Herzsprungs noch erträgst.
Herr Helfer, du erwägst
wohl heimlich schon die Flucht
und schleichst dich unversucht
aus meinem Händeringen?
Weißt du, wie Engel singen,
wenn man das Schläfenbein
als Hammer oder Stein
benutzt, um auszubrechen
aus seiner Einzelhaft?
Kennst du die Bilderkraft
am Scheitel und das Sprechen
am Rippenknoten-Ort?
Wie weit bist du schon fort
aus meiner Fingerwiege,
du fremder Schutzpatron?
Der Mond, der Hundesohn,
verhöhnt mich, wie ich liege,
verkrümmt und angespannt,
durchfroren und verbrannt.

In doppelter Ährenhöhe
schweben die Engel der Unkrautsamen
langsam zum Friedhof hinüber.

Verlöscht sind die heurigen Kerzen
der goldenen Löwenzähne,
feurig werden sie aufgehn
über den Leibern der Toten
und mir im Herzen schon bald.

Diese deine Herbergstelle
hast du lange schon gemieden
und ihr Rauch steigt abgeschieden.
Feigenwurz zersprengt die Quelle,
die dein Brunnen war.
Schon seit Tag und Jahr
üb ich mich im Hungerleiden,
um das Brot nicht anzuschneiden,
das ich aus dem Feuer holte
und mit dir verzehren wollte,
nur mit dir allein!
Härter als ein Stein
und – weiß Gott wovon? – besessen
rollt es schimmlig und vergessen
durch das ganze Haus.
Oft im Traum hör ich es sprechen:
Komm mich schneiden oder brechen,
teil mich endlich aus!

Ich habe deinen und meinen Schatten
in eine ermächtigte Hasel gebannt,
damit sie erwarten den Jüngsten Tag,
damit sie gedenken der ältesten Nacht
um ihrer Heiligung willen.
Wenn jetzt der Mond in die Stube tritt,
verneigt sich staunend die Stirne der Nacht
in meinem erblindeten Spiegel
vor meiner vielfältigen Hoffnung.
Ich hoffe unter dem Haselstrauch,
ich hoffe über das Dachmoos hinaus,
ich hoffe so tief und so hoch und so stark,
daß mein Gehör davon läutet.

Die Nacht geht fremd an mir vorbei
in Mondlicht und in Finsternis,
der Wind, der mich vom Aste riß,
ließ mich verdrossen wieder frei
und gab mir keinen Namen.
Ein Stein mit Feuersamen
erzählt mir viel von einem Stern
und daß er selbst den großen Herrn
in seinem Innern hätte.
Da steh ich auf und glätte
ehrfürchtig jeden Bug an mir
und bitt' den Stein: Laß mich bei dir
ein wenig wärmer werden!
Er aber sagt: Wärm dich allein!
und brennt verzückt in sich hinein
und ist nicht mehr auf Erden.
So geht es mir mit jedem Ding,
es mag mich niemand haben,
und selbst der Baum, an dem ich hing,
trägt lieber Kräh' und Raben.

WIEDER BRACH ER BEI DEM NACHBAR EIN,
und ich hatte Tür und Fenster offen,
meine Augen waren vollgesoffen
wie zwei Schwämme vom Verlassensein.

Dumm verknäulte sich in meinem Mund
Schluchzen, Bitten und verbohrtes Drohen,
während drüben schon die Hühner flohen
samt der Katze und dem alten Hund.

Doch er kam nicht, nahm sich wieder nur
einen, der noch gerne leben wollte,
und die Monduhr, die verrückte, rollte
meine Stunde rasch aus seiner Spur.

Bitter trocknen meine Augen ein,
bitter rinnt der Schlaftrunk durch die Kehle,
bitter bet' ich für die arme Seele
und zerkaue mein Verlassensein.

Ja, lieber Vogel, fliege nur vorbei,
ein Irrtum ist's daß hier ein Birnbaum blüht –;
was du auch sängest klänge wie Geschrei
und käm als Klage über mein Gemüt.

Hier hilft nichts mehr, auch Gott begriff das schon
und nimmt sich nimmer an der irren Hand,
die sich bewegt als griffe sie durch Mohn
und doch nichts greift als Nessel, Dorn und Sand.

Vielleicht war nie die Blume wirklich wahr?
Wer sagt mir das noch schnell vor meinem Tod?
Man müßte doch am Wangenbug im Haar
noch etwas finden von dem echten Rot.

Und von dem Duft und von der Süßigkeit,
doch nichts ist da als die gespannte Haut.
Ein Augenpaar das aus dem Spiegel schaut
starrt mich gelassen und fast höhnisch an.

Der Mund will weinen, trifft es aber nicht.
Was trifft ein Mund, der nie sein Ziel bekam?
Ein Dämmerlächeln zwischen Nacht und Licht,
halb wilden Hochmut und halb feige Scham.

Doch für den Tod scheint das genug zu sein,
er winkt mir zu wie seiner liebsten Braut.
Ein wenig Birnenduft weht noch herein
und eines Vogelliedes letzter Laut.

Den Mäuslein sträubt sich jetzt das Fell,
ein Stern macht mir die Stube hell
und spiegelt sich im Fenster.
Ich denk an die Gespenster,
von denen eines, fast vertraut,
durchs Schlüsselloch herüberschaut,
ob ich ihm winken werde.
Zwei gelbe, dürre Pferde
bewegen sich am Deckenrand
ins Vaterunser eingespannt
in dem zu schweren Wagen.
Er muß ja alles tragen.
Die Mäusleinangst, den eitlen Stern,
mein Zitterherz, den Gram des Herrn,
der vor viel hundert Jahren
nicht dachte, daß er einmal so
durchs Schlüsselloch her auf mein Stroh
mich betteln wird ums Fahren
mit meinem notigen Gespann –;
jetzt hängt sich noch ein Schrei daran
aus einer Hundekehle!
Ich weiß nicht wie das enden soll,
das Vaterunser ist schon voll
und wo bleibt meine Seele?

HERTHA KRÄFTNER
1928-1951

Abends

Er schlug nach ihr. Da wurde ihr Gesicht
sehr schmal und farblos wie erstarrter Brei.
Er hätte gern ihr Hirn gesehn. – Das Licht
blieb grell. Ein Hund lief draußen laut vorbei.

Sie dachte nicht an Schuld und Schmerz und nicht
an die Verzeihung. Sie dachte keine Klage.
Sie fühlte nur den Schlag vom nächsten Tage
voraus. Und sie begriff auch diesen nicht.

»ANNA«, SAGTE DER MANN,
»ich fahre jetzt heim. Im Schlafwagen ...
Ich wollte immer schon einmal
im Schlafwagen reisen,
aber es war mir zu teuer.
Anna? Freust du dich nicht?
Es ist ein langer Zug.
Kannst du die Wagen zählen?«
Er hob die Hand aus seinem Totenbett
und zeigte auf die lange Reihe
der Einmachgläser auf dem Kleiderkasten;
das ist in kleinen Wohnungen üblich.
Da standen Aprikosen in dicken Säften,
geschälte, gelbliche Birnen und rote Beeren,
und die zarten Pfirsiche
leuchteten grün und ein wenig rosa.
»Ein schöner Zug«, sagte der Mann.
»Weine nicht, Anna. Es ist ein Glück,
so zu reisen. Ich glaube,
die Fahrkarte ist sehr teuer gewesen,
aber ich hab sie umsonst bekommen.«
Und die Birnen und Beeren
und die saftigen Aprikosen
begannen zu dampfen und zischen
und rollten in die Ewigkeit.

Unter dem gleichen Mond
sind wir traurig und einsam,
der Mann in Australien und ich.
Wenn der Mond heraufkommt,
sagt der Mann: O Mond,
Gewächs meiner zärtlichen Wünsche,
gepflanzt auf den Feldern
der Einsamkeit,
Planet der vergeblichen Liebe!
Warum bin ich allein
in diesen warmen Sommernächten?
Und ich sage: O Mond,
Gestirn der Grausamkeit und des Kalten,
Laterne der Wachenden,
die niemanden lieben!
Warum liebe ich nicht
in diesen kalten Winternächten?
Und der Mond hört uns zu,
wie wir singen und weinen,
und gleicht einer Medaille
aus billigem Gold,
wie sie die frommen Schwestern
Am Halse tragen,
wenn sie vom Wallfahren
heimkommen.

An den großen Strömen

Am Abend, vor dem Morgen, an dem er nach Amerika ging,
zerbrach ihr Herz, indessen sie zum letzten Mal
am Donauufer auf und nieder gingen.
»Ach«, klagte sie, »ach, hätten wir uns doch ertränkt
in einem von Europas großen Strömen!
In der Elbe zum Beispiel, die soll bei Hamburg
so tief sein, oder lieber noch in der Seine,
wo sie die Liebenden ganz eng umschlungen
aus dem Wasser ziehn. Ach, hätten wir uns doch ertränkt,
solang noch Zeit war. Jetzt ist es zu spät,
wir würden weder Hamburg noch Paris erreichen,
bevor dein Zug dich morgen mir entreißt.«
Ihm wurde wild ums Herz bei ihren Klagen
und er verfluchte die Entfernung,
die sie vom süßen Liebestod im grauen Elbewasser trennte.
Die Donau floß indessen
sanft und unauffällig in das Schwarze Meer.

Daran erinnerte mich eines Abends
– später, lang danach – ein Busch am Donauufer,
und ich dachte, daß es ein solcher Abend war,
als mein Geliebter sich in großer Einsamkeit
im Hudson River still ertränkte.

Die Eltern im Herbst

Dann war es Herbst geworden
und da gefiel meinem kleinen Fensterbrettvogel
das Singen nicht mehr.
Aber dafür werden immer im Herbst
die Toten so unruhig,
und da kommt an manchen Abenden
mich mein Vater besuchen
und trägt einen blauen, wollenen Schal,
von dem meine Mutter sagt,
er hätte ihn am Tag meiner Geburt
im Eisenbahnabteil verloren.
Meine Mutter aber
verschenkt in jedem November
ein Stück von meines Vaters weißen Hemden.
Und zur gleichen Zeit,
wenn die Toten in ihren Gräbern
sich umdrehn,
bitten die jungen Frauen
ihren Mann um ein Kind.

Dorfabend

Beim weißen Oleander
begruben sie das Kind
und horchten miteinander,
ob nicht der falsche Wind
den Nachbarn schon erzähle,
daß es ein wenig schrie,
eh seine ungetaufte Seele,
im Halstuch der Marie
erwürgt, zum Himmel floh.
Es roch nach Oleander,
nach Erde und nach Stroh;
sie horchten miteinander,
ob nicht der Wind verriete,
daß sie dem toten Knaben
noch eine weiße Margerite
ans blaue Hälschen gaben ...
Sie hörten aber nur
das Rad des Dorfgendarmen,
der pfeifend heimwärts fuhr.
Dann seufzte im Vorübergehn
am Zaun die alte Magdalen:
»Gott hab mit uns Erbarmen.«

Wer glaubt noch,
daß uns drüben Korallenbäume erwarten,
und Vögel, die das Geheimnis singen
und ab und zu die beinernen Schnäbel
ins rosa gefärbte Wasser tauchen,
und daß man uns abholen wird
zu Gerüchen
nach aufgebrochenen Mandelkernen
und den weißen Wurzeln seltener Pflanzen?

Ach, der Tod wird nach Pfeffer
und Majoran riechen,
weil er vorher im Laden beim Krämer saß,
der am silbrigen Schwanz
eines Salzherings erstickte.

INGEBORG BACHMANN
1926-1973

Das Spiel ist aus

Mein lieber Bruder, wann bauen wir uns ein Floß
und fahren den Himmel hinunter?
Mein lieber Bruder, bald ist die Fracht zu groß
und wir gehen unter.

Mein lieber Bruder, wir zeichnen aufs Papier
viele Länder und Schienen.
Gib acht, vor den schwarzen Linien hier
fliegst du hoch mit den Minen.

Mein lieber Bruder, dann will ich an den Pfahl
gebunden sein und schreien.
Doch du reitest schon aus dem Totental
und wir fliehen zu zweien.

Wach im Zigeunerlager und wach im Wüstenzelt,
es rinnt uns der Sand aus den Haaren,
dein und mein Alter und das Alter der Welt
mißt man nicht mit den Jahren.

Laß dich von listigen Raben, von klebriger Spinnenhand
und der Feder im Strauch nicht betrügen,
iß und trink auch nicht im Schlaraffenland,
es schäumt Schein in den Pfannen und Krügen.

Nur wer an der goldenen Brücke für die Karfunkelfee
das Wort noch weiß, hat gewonnen.
Ich muß dir sagen, es ist mit dem letzten Schnee
im Garten zerronnen.

Von vielen, vielen Steinen sind unsre Füße so wund.
Einer heilt. Mit dem wollen wir springen,
bis der Kinderkönig, mit dem Schlüssel zu seinem Reich im Mund,
uns holt, und wir werden singen:

Es ist eine schöne Zeit, wenn der Dattelkern keimt!
Jeder, der fällt, hat Flügel.
Roter Fingerhut ist's, der den Armen das Leichentuch säumt,
und dein Herzblatt sinkt auf mein Siegel.

Wir müssen schlafen gehn, Liebster, das Spiel ist aus.
Auf Zehenspitzen. Die weißen Hemden bauschen.
Vater und Mutter sagen, es geistert im Haus,
wenn wir den Atem tauschen.

Erklär mir, Liebe

Dein Hut lüftet sich leis, grüßt, schwebt im Wind,
dein unbedeckter Kopf hat's Wolken angetan,
dein Herz hat anderswo zu tun,
dein Mund verleibt sich neue Sprachen ein,
das Zittergras im Land nimmt überhand,
Sternblumen bläst der Sommer an und aus,
von Flocken blind erhebst du dein Gesicht,
du lachst und weinst und gehst an dir zugrund,
was soll dir noch geschehen –

Erklär mir, Liebe!

Der Pfau, in feierlichem Staunen, schlägt sein Rad,
die Taube stellt den Federkragen hoch,
vom Gurren überfüllt, dehnt sich die Luft,
der Entrich schreit, vom wilden Honig nimmt
das ganze Land, auch im gesetzten Park
hat jedes Beet ein goldner Staub umsäumt.

Der Fisch errötet, überholt den Schwarm
und stürzt durch Grotten ins Korallenbett.
Zur Silbersandmusik tanzt scheu der Skorpion.
Der Käfer riecht die Herrlichste von weit;
hätt ich nur seinen Sinn, ich fühlte auch,
daß Flügel unter ihrem Panzer schimmern,
und nähm den Weg zum fernen Erdbeerstrauch!

Erklär mir, Liebe!

Wasser weiß zu reden,
die Welle nimmt die Welle an der Hand,
im Weinberg schwillt die Traube, springt und fällt.
So arglos tritt die Schnecke aus dem Haus!

Ein Stein weiß einen andern zu erweichen!

Erklär mir, Liebe, was ich nicht erklären kann:
sollt ich die kurze schauerliche Zeit
nur mit Gedanken Umgang haben und allein
nichts Liebes kennen und nichts Liebes tun?
Muß einer denken? Wird er nicht vermißt?

Du sagst: es zählt ein andrer Geist auf ihn …
Erklär mir nichts. Ich seh den Salamander
durch jedes Feuer gehen.
Kein Schauer jagt ihn, und es schmerzt ihn nichts.

An die Sonne

Schöner als der beachtliche Mond und sein geadeltes Licht,
Schöner als die Sterne, die berühmten Orden der Nacht,
Viel schöner als der feurige Auftritt eines Kometen
Und zu weit Schönrem berufen als jedes andre Gestirn,
Weil dein und mein Leben jeden Tag an ihr hängt, ist die
Sonne.

Schöne Sonne, die aufgeht, ihr Werk nicht vergessen hat
Und beendet, am schönsten im Sommer, wenn ein Tag
An den Küsten verdampft und ohne Kraft gespiegelt die
Segel
Über dein Aug ziehn, bis du müde wirst und das letzte
verkürzt.

Ohne die Sonne nimmt auch die Kunst wieder den Schleier,
Du erscheinst mir nicht mehr, und die See und der Sand,
Von Schatten gepeitscht, fliehen unter mein Lid.

Schönes Licht, das uns warm hält, bewahrt und wunderbar
sorgt,
Daß ich wieder sehe und daß ich dich wiederseh!

Nichts Schönres unter der Sonne als unter der Sonne zu
sein …

Nichts Schönres als den Stab im Wasser zu sehn und den
Vogel oben,
Der seinen Flug überlegt, und unten die Fische im Schwarm,

Gefärbt, geformt, in die Welt gekommen mit einer Sendung
von Licht,
Und den Umkreis zu sehn, das Geviert eines Felds, das
Tausendeck meines Lands

Und das Kleid, das du angetan hast. Und dein Kleid,
glockig und blau!

Schönes Blau, in dem die Pfauen spazieren und sich
verneigen,
Blau der Fernen, der Zonen des Glücks mit den Wettern für
mein Gefühl,
Blauer Zufall am Horizont! Und meine begeisterten Augen
Weiten sich wieder und blinken und brennen sich wund.

Schöne Sonne, der vom Staub noch die größte Bewundrung
gebührt,
Drum werde ich nicht wegen dem Mond und den Sternen
und nicht,
Weil die Nacht mit Kometen prahlt und in mir einen Narren
sucht,
Sondern deinetwegen und bald endlos und wie um nichts
sonst
Klage führen über den unabwendbaren Verlust meiner
Augen.

Die große Fracht

Die große Fracht des Sommers ist verladen,
das Sonnenschiff im Hafen liegt bereit,
wenn hinter dir die Möwe stürzt und schreit.
Die große Fracht des Sommers ist verladen.

Das Sonnenschiff im Hafen liegt bereit,
und auf die Lippen der Galionsfiguren
tritt unverhüllt das Lächeln der Lemuren.
Das Sonnenschiff im Hafen liegt bereit.

Wenn hinter dir die Möwe stürzt und schreit,
kommt aus dem Westen der Befehl zu sinken;
doch offnen Augs wirst du im Licht ertrinken,
wenn hinter dir die Möwe stürzt und schreit.

Alle Tage

Der Krieg wird nicht mehr erklärt,
sondern fortgesetzt. Das Unerhörte
ist alltäglich geworden. Der Held
bleibt den Kämpfen fern. Der Schwache
ist in die Feuerzonen gerückt.
Die Uniform des Tages ist die Geduld,
die Auszeichnung der armselige Stern
der Hoffnung über dem Herzen.

Er wird verliehen,
wenn nichts mehr geschieht,
wenn das Trommelfeuer verstummt,
wenn der Feind unsichtbar geworden ist
und der Schatten ewiger Rüstung
den Himmel bedeckt.

Er wird verliehen
für die Flucht von den Fahnen,
für die Tapferkeit vor dem Freund,
für den Verrat unwürdiger Geheimnisse
und die Nichtachtung
jeglichen Befehls.

Freies Geleit
(Aria II)

Mit schlaftrunkenen Vögeln
und winddurchschossenen Bäumen
steht der Tag auf, und das Meer
leert einen schäumenden Becher auf ihn.

Die Flüsse wallen ans große Wasser,
und das Land legt Liebesversprechen
der reinen Luft in den Mund
mit frischen Blumen.

Die Erde will keinen Rauchpilz tragen,
kein Geschöpf ausspeien vorm Himmel,
mit Regen und Zornesblitzen abschaffen
die unerhörten Stimmen des Verderbens.

Mit uns will sie die bunten Brüder
und grauen Schwestern erwachen sehn,
den König Fisch, die Hoheit Nachtigall
und den Feuerfürsten Salamander.

Für uns pflanzt sie Korallen ins Meer.
Wäldern befiehlt sie, Ruhe zu halten,
dem Marmor, die schöne Ader zu schwellen,
noch einmal dem Tau, über die Asche zu gehn.

Die Erde will ein freies Geleit ins All
jeden Tag aus der Nacht haben,
daß noch tausend und ein Morgen wird
von der alten Schönheit jungen Gnaden.

Exil

Ein Toter bin ich der wandelt
gemeldet nirgends mehr
unbekannt im Reich des Präfekten
überzählig in den goldenen Städten
und im grünenden Land

abgetan lange schon
und mit nichts bedacht

Nur mit Wind mit Zeit und mit Klang

der ich unter Menschen nicht leben kann

Ich mit der deutschen Sprache
dieser Wolke um mich
die ich halte als Haus
treibe durch alle Sprachen

O wie sie sich verfinstert
die dunklen die Regentöne
nur die wenigen fallen

In hellere Zonen trägt dann sie den Toten hinauf

Wahrlich

Für Anna Achmatova

Wem es ein Wort nie verschlagen hat,
und ich sage es euch,
wer bloß sich zu helfen weiß
und mit den Worten –

dem ist nicht zu helfen.
Über den kurzen Weg nicht
und nicht über den langen.

Einen einzigen Satz haltbar zu machen,
auszuhalten in dem Bimbam von Worten.

Es schreibt diesen Satz keiner,
der nicht unterschreibt.

Anhang

Es gehört zu den literarischen Neigungen, ja Notwendigkeiten unserer Zeit, nicht nur – wie es immer schon gehalten wurde – die Spreu vom Weizen zu trennen, auch dann und wann den Weizen vom Weizen. Das heißt, es kommen gelegentlich Bücher zustande, die als erstes die Trennung der Autoren nach Geschlechtern vollziehen, um sich danach mit der Überprüfung von Qualitäten zu befassen. Ein solches, der Literatur zuwiderhandelndes Verfahren hat jedoch eine ernste, inzwischen bekannte Vorgeschichte: einer in Quantität und Rang dominierenden Zahl von Dichtern steht eine Minderheit von Dichterinnen gegenüber, die es seit den Anfängen dem Wohlmeinen anderer zu überlassen hatte, in welchem Maße, in welcher Deutlichkeit ihr Werk sichtbar gemacht wurde. Diese Abhängigkeit führte zu Vernachlässigungen, die von jeher ebenso selbstverständlich und spielerisch wie durchdacht praktiziert wurden.

Die erste deutsche Dichterin, die die ersten Dramen schrieb und auch als »die erste Geschichte schreibende Frau in Deutschland gelten muß«, die in unserer Zeit zu neuen alten Ehren gekommene Roswitha von Gandersheim (935-975), legte jedes ihrer Werke zunächst und untertänigst Papst und Kaiser zur Zustimmung vor. Zu Beginn des 2. Jahrtausends unterzeichnete Hildegard von Bingen ihr erstes Werk nicht mit ihrem Namen, sondern mit dem Pseudonym »Ein einfältiger Mensch« – Hildegard von Bingen, die mit Papst und Kaiser Barbarossa korrespondierende Äbtissin, die Gelehrte, die Verfasserin sowohl geistlicher Gesänge als auch medizinisch-naturwissenschaftlicher Schriften, die praktizierende Ärztin, die die »Krankheit von Kopf bis Fuß« aus psychosomatischer Sicht betrachtete. Es war die Zeit, da das gelehrte und dichterische Denken und Schreiben in einem nicht unwesentlichen Maße an den

frommen, den klösterlichen Ort gebunden war und die Angemessenheit der Demutshaltung in keinerlei Zweifel gezogen wurde.
Tausend Jahre später schreibt Gottfried Benn: »Der soziologische Nenner, / der hinter Jahrtausenden schlief / heißt: Ein paar große Männer und die litten tief.«
Die Tradition solcher Denk- und Handlungsweisen ist so alt, daß Korrekturbedürfnisse hier gar nicht, dort nur zögernd aufkommen konnten. Für die Dominierenden war das, was war, gut. Den Dominierten wurde die Zeit lang. Was Heinrich von Meissen, genannt Frauenlob, im 13. Jahrhundert sang, was seinem Namen alle Ehre machte:

Ich lob die Frauen früh und spat,
Ihr Lob das will ich immer mehren:
Ein Mann der Frauen Huld nit hat
Den wollt ich fürbas mit Gesang hie letzen,
Ich lob die werthen Frauen zart,
Sie künnen uns wohl alle Leids ersetzen.

– für die Frauen erwies sich das, wofür sie gelobt wurden, als ein auf Dauer ungenügender Zeitvertreib. Dieser Fingerzeig soll genügen, um die Existenz des Buches mit dem Ausschließlichkeitsanspruch: Gedichte von Frauen zu erklären. Was lange Zeit nach Belieben im argen lag, soll nun ans Licht geholt, erforscht, gesichtet, geordnet werden. Wenig von Nutzen allerdings wäre es, wollte man – einzig stolz auf die ständig steigende Zahl der Neu- oder Wiederentdeckungen schreibender Frauen – für ein Buch wie dieses nicht doch Vorsicht walten lassen, wollte man nicht das alte Prüfverfahren anwenden, das vor allem jenen zusteht, die, jedem Qualitätszweifel enthoben, seiner nie bedurft haben.
Gedichte von Frauen durch die Jahrhunderte: Das heißt eine Anthologie, die – durch ihr zeit- und werkraffendes

Verfahren – einen Bestand überschaubar macht, der wenn möglich von Rang und Dauer ist und sein soll. Eine Auswahl, die sich thematisch nicht bindet, doch die Absicht verfolgt, das Gedicht solle im Höchstmaß ›Gedicht‹ sein, kann nicht zur Fundgrube werden. Sie muß das Risiko der Bekanntheit von Namen, ja auch von Gedichten eingehen, von Ausnahmen abgesehen. Was wäre ein Gedichtbuch wie dieses ohne Catharina Regina von Greiffenberg, ohne Anna Louisa Karsch, ohne Annette von Droste-Hülshoff. Was wäre eine Auswahl der Gedichte der Droste ohne ihren »Turm«; was Ricarda Huch ohne das »Himmelsmärchen«; was Else Lasker-Schüler ohne das »Gebet«; was Ingeborg Bachmann ohne ihr »Erklär mir, Liebe«. Es gibt Gedichte, die sich im Laufe ihrer Existenz ihren Schöpfer so sehr zu eigen gemacht haben, daß es kaum denkbar ist, beide im Augenblick der Präsentation voneinander trennen zu wollen. So also erfaßt diese Auswahl subjektiv wie objektiv Erwartetes, Erwünschtes, Unerwartetes; sie nimmt auch das Risiko an, Namen zu übergehen, die einmal als unverzichtbar galten, die es für ihre Epoche auch immer noch sein mögen, deren Abwesenheit in einer Auswahl wie der heutigen jedoch vertretbar zu sein scheint.

Obwohl die nur aus abgeschlossenen Werken zitierten Gedichte ohne Umgehung oder Bevorzugung von Themen ausgewählt wurden, erweist sich schließlich doch eine Vielzahl als Liebesgedichte. Sie zeigen, in welch meisterhafter Form die Frau sich dieser schönsten Utopie auf Erden angenommen hat, sei es im dreizehnten Jahrhundert, der Zeit der religiösen Frauenbewegung: Mechthild von Magdeburg beweist ihre Liebesfähigkeit mit Sprachgewalt. Sei es die junge, vor Liebesunglück leuchtende Karoline von Günderode; oder die ebenso leidenschaftlich wie diszipliniert mit ihrer Liebe verfahrende Droste; oder die liebessüchtige Lasker-Schüler; oder die vor Liebe und Leid strotzende Christine Lavant. Eine Liebende war auch Ingeborg Bachmann,

doch gilt sie wie kaum eine andere als die Dichterin, der die Synthese aus Intellektualität und Sinnlichkeit gelang, die damit die Poesie in jenen höchsten Rang erhob, der seit den Anfängen nur wenigen vorbehalten bleibt.
Angesichts des Frauenbildes, das die thematisch dennoch vielfach variierten Gedichte aufs folgerichtigste widerspiegeln, läßt sich unser die Zäsur stiftendes Jahrhundert wahrnehmen als tatsächlich ein Jahrhundert der Frau.

BETTINA VON ARNIM

Am 4. 4. 1785 in Frankfurt am Main geboren,
gestorben am 20. 1. 1859 in Berlin

Bettina von Arnim, Schwester des Dichters Clemens Brentano und Enkelin der Dichterin Sophie von La Roche, wurde nach dem frühen Tod ihrer Eltern (Maximiliane von La Roche und Peter Anton Brentano) zunächst im Kloster Fritzlar erzogen; danach lebte sie abwechselnd in Frankfurt bei den Geschwistern, in Offenbach bei ihrer Großmutter und in Marburg im Hause ihrer verheirateten Schwester Gunda Savigny. Seit jener Zeit bestand die Freundschaft zwischen ihr und Karoline von Günderode. Ab 1810 lebte sie bei den Savignys in Berlin; sie heiratete dort 1811 Achim von Arnim, den Freund ihres Bruders Clemens; sie hatte sieben Kinder. Während der Ehejahre lebte sie abwechselnd auf Gut Wiepersdorf in der Mark Brandenburg und in Berlin; nachdem Achim von Arnim 1831 gestorben war, vor allem in Berlin. Nun begann die Zeit lebhafter Kontakte und schriftstellerischer Arbeit: Als erstes ihrer Briefbücher erschien 1835 – Goethe, den sie schwärmerisch verehrt hatte, war drei Jahre zuvor gestorben – »Goethes Briefwechsel mit einem Kinde«; 1840 der Briefroman »Die Günderode«. Nicht minder engagierte sich Bettina von Arnim politisch und sozial, auch für die Rechte der Frau.

Aus: Sämtliche Werke. Siebenter Band. Herausgegeben von Waldemar Oehlke. Propyläen-Verlag Berlin, MCMXXII.

INGEBORG BACHMANN

Am 25. 6. 1926 in Klagenfurt geboren,
gestorben am 17. 11. 1973 in Rom

Ingeborg Bachmann studierte in Innsbruck, Graz und Wien Philosophie, Germanistik und Psychologie und promovierte 1950 mit einer Arbeit über die Rezeption der Philosophie Heideggers. Mit der Publikation der ersten Gedichtbände »Die gestundete Zeit« (1953) und »Anrufung des Großen Bären« (1956) begann ihr literarischer Erfolg. Es erschienen weitere Gedichtbände, Erzählungen, Hörspiele, 1971 der einzige Roman, »Malina«. Für den Komponisten Hans Werner Henze schrieb sie Opernlibretti. Sie lebte in Berlin, München, Zürich und Rom; 1959/60 war sie Dozentin für Poetik in Frankfurt; u.a. erhielt sie 1964 den Büchner-Preis. In Rom lebte sie seit Ende 1965.

Aus: Werke. Herausgegeben von Christine Koschel, Inge von Weidenbaum, Clemens Münster. Erster Band. © R. Piper & Co. Verlag, München 1978.
Der Abdruck des Gedichts »Freies Geleit (Aria II)« erfolgt mit freundlicher Genehmigung des Verlages B. Schott's Söhne, Mainz.

HILDEGARD VON BINGEN

1098 in Bermersheim bei Alzey geboren,
gestorben am 17. 9. 1179 im Kloster Rupertsberg bei Bingen

Hildegard von Bingen, Tochter des Grafen Hildebert von Bermersheim und seiner Frau Mechthild, wurde vom achten Lebensjahr an den Benediktinerinnen auf dem Disibodenberg zur Erziehung anvertraut. 1136, nach dem Tod der ›Meisterin‹ des Klosters, Jutta von Spanheim, übernahm Hildegard die Nachfolge; sie bewirkte die Verlegung des Klosters auf den Rupertsberg bei Bingen und die Erhebung zur Abtei. Mit Hilfe der Nonne Richardis und des Mönchs Volmar schrieb sie »Scivias« (Wisse [die Wege des Herrn] oder Drei Bücher über Gesichte und Offenbarungen) ab 1141 in zehn Jahren nieder. Es ist ein Bericht über 26 mystische Visionen, die sie mit allegorischen Erklärungen versieht; die Schilderungen und Weissagungen werden durch poetische Preislieder, dramatische Wechselgesänge unterbrochen; das Werk schließt mit prophetischen Visionen über das Weltende. Sie wurde nicht minder berühmt durch ihre medizinisch-naturwissenschaftlichen Schriften (Physica und Causae et curae); sie war auch praktizierende Ärztin. Viele Große der Zeit wurden auf sie aufmerksam; sie korrespondierte u.a. mit Papst, Kaiser Friedrich Barbarossa und Bernhard von Clairvaux. Eine Neuausgabe der »Hymnen« (Lateinisch und Deutsch), übersetzt und herausgegeben von Heinrich Schipperges, im Verlag Lambert Schneider, ist in Vorbereitung.

Aus: Der Dom. Schriften der Heiligen Hildegard von Bingen. Ausgewählt und übertragen von Johannes Bühler. Insel-Verlag Leipzig 1922. Faksimileausgabe: Insel Verlag Frankfurt am Main 1980.

ANNETTE VON DROSTE-HÜLSHOFF

Am 10. 1. 1797 auf Schloß Hülshoff bei Münster geboren, gestorben am 24. 5. 1848 in Meersburg am Bodensee

Annette von Droste-Hülshoff entstammte einem alten westfälischen Adelsgeschlecht und wuchs, zusammen mit ihrer Schwester und zwei Brüdern, in engem Familienhalt auf. Die sorgfältige Erziehung schloß auch die Förderung ihrer künstlerischen, vor allem der dichterischen Neigungen ein. Sie war sechzehn Jahre alt, als die Verbindung zum Bökendorfer Kreis zustande kam, dem auch die Brüder Grimm angehörten. Sie reiste, wiederholte Male, zu den Verwandten an den Rhein, wo sie u. a. A. W. v. Schlegel kennenlernte, K. Simrock, auch die späteren Freundinnen Sibylle Mertens-Schaaffhausen und Adele Schopenhauer. Nach dem Tod des Vaters zogen Mutter und Töchter 1826 auf das Gut Rüschhaus bei Münster, den Witwensitz der Mutter. 1838 erschien, halb anonym, der erste, kaum beachtete Gedichtband. Ab 1838 nahm sie teil an einem literarischen Kreis in Münster. Sie begegnete dem siebzehn Jahre jüngeren Levin Schücking, dem Sohn der Jugendfreundin Katharina Schücking, mit dem sie zeitlebens eine wesentliche Freundschaft verband. Den Winter 1841/42 verbrachte sie auf der von Freiherr von Laßberg, dem Mann ihrer Schwester, erworbenen Meersburg am Bodensee. Gemeinsam mit Schücking ordnete sie hier die Bibliothek des Schwagers. Diese Zeit war äußerst produktiv; Schücking vermittelte die Publikation in Fortsetzungen der »Judenbuche« im Cottaschen Morgenblatt ab 1842. Mit dem Honorar erwarb sie das »Fürstenhäusle« in der Nähe der Meersburg. 1846 brach sie noch einmal von Rüschhaus nach Meersburg auf, wo sie bis zu ihrem Tod blieb. Dreißig Jahre später gab Schücking ihr Werk heraus.

Aus: Sämtliche Werke in zwei Bänden. Nach dem Text der Originaldrucke und der Handschriften. Herausgegeben von Günther Weydt und Winfried Woesler. Band 1. Winkler Verlag München o.J.

MARIE VON EBNER-ESCHENBACH

Am 13. 9. 1830 auf Gut Zdislavice bei Kremsier (Mähren) geboren, gestorben am 12. 3. 1916 in Wien

Die Jugendjahre verbrachte sie auf dem väterlichen Landsitz in Mähren; in der Winterszeit hielt man sich in Wien auf, wo sie, angeregt durch die Besuche im Burgtheater, beschloß, Dramatikerin zu werden. Sie wurde Erzählerin, eine der bedeutendsten des 19. Jahrhunderts. In den »Dorf- und Schloßgeschichten« erweist sich ihr Verantwortungssinn für die sozialen Probleme ihrer Zeit. 1880 erschienen die »Aphorismen«; 1887 der Roman »Das Gemeindekind«, ihr berühmtestes Werk. Sie veröffentlichte nur wenige Gedichte. Achtzehnjährig heiratete sie ihren Cousin Moritz Freiherr von Ebner-Eschenbach. Anläßlich ihres siebzigsten Geburtstages verlieh ihr die philosophische Fakultät der Universität Wien die Ehrendoktorwürde.

Aus: Gesammelte Schriften. Erster Band: Aphorismen, Parabeln, Märchen und Gedichte. Verlag von Gebrüder Paetel, Berlin 1893.

KLAUSNERIN ENGELBIRN

Lebte im 14. Jahrhundert zu St. Ulrich oder St. Stephan in Augsburg

Aus: Der Dom. Mystische Dichtungen aus sieben Jahrhunderten. Gesammelt, übertragen und eingeleitet von Friedrich Schulze-Maizier. Insel-Verlag Leipzig 1925. Faksimileausgabe: Insel Verlag Frankfurt am Main 1980.

CLAIRE GOLL

Am 29. 10. 1891 in Nürnberg geboren,
gestorben am 30. 5. 1977 in Paris

Als Tochter des jüdischen Hopfenhändlers Aischmann verbrachte sie ihre Jugend in Nürnberg und München. Verheiratet (1911) mit Heinrich Studer, lebte sie in der Schweiz; die Ehe wurde bald geschieden. In Leipzig studierte sie Philosophie; 1917 nahm sie das Studium in Genf auf, wo sie Yvan Goll kennenlernte. Sie heirateten 1920 und lebten in Paris. Claire Goll war mit Rilke befreundet; zum Freundeskreis in Paris gehörten die Schriftsteller Malraux, Breton, Gide, Joyce; die Maler Chagall, Léger, Picasso, Braque. Während des Zweiten Weltkriegs emigrierten Claire und Yvan Goll in die USA; 1947 kehrten sie nach Paris zurück.

Sie schrieb Gedichte, Novellen, Romane; sie übersetzte einige französische Werke Golls ins Deutsche. Nach Yvan Golls Tod, 1950, begann für sie eine neue Zeit schriftstellerischer Tätigkeit.

Aus: Ivan und Claire Goll: Zehntausend Morgenröten. Gedichte einer Liebe. © by Limes Verlag München (französisch unter dem Titel: Dix mille Aubes. 1951).

CATHARINA REGINA VON GREIFFENBERG

Am 7. 9. 1633 auf Burg Seyssenegg bei Amstetten (Niederösterreich) geboren, gestorben am 10. 4. 1694 in Nürnberg

Catharina Regina von Greiffenberg, geb. Freiin von Seyssenegg: die Familie gehörte zum protestantischen Landadel Österreichs. Da der Vater früh gestorben war, wurde sie von der Mutter und dem Onkel, Rudolf Freiherr von Greiffenberg, erzogen, der 1662 für die Veröffentlichung der Sammlung »Geistliche Sonette« sorgte. Die Lieder und Gedichte waren unter dem Eindruck des Todes der jüngsten Schwester entstanden; doch auch unter dem Eindruck des Werbens ihres Onkels um sie, dem sie schließlich nachgab. Die Ehe wurde 1664 geschlossen. Nach dem Tod ihres Mannes wanderte sie unter dem Druck der Gegenreformation 1680 nach Nürnberg aus. Von den Sonetten und Liedern abgesehen, veröffentlichte sie u.a. etliche »Andachtsbücher«, die sie noch zu Lebzeiten berühmt machten und zur bedeutendsten deutschen Dichterin des Barocks.
Sie war Mitglied zweier Sprachgesellschaften: des Pegnesischen Blumenordens unter Sigismund von Birken; und erstes weibliches Mitglied der von Philipp von Zesen gegründeten Deutschgesinnten Genossenschaft.

Aus: Gedichte. Ausgewählt und mit einem Nachwort herausgegeben von Hubert Gersch.

KAROLINE VON GÜNDERODE

Am 11. 2. 1780 in Karlsruhe geboren,
gestorben am 26. 7. 1806 in Winkel am Rhein

Nach dem Tod von drei jüngeren Schwestern und dem des Vaters, einem badischen Kammerherrn, wurde Karoline von Günderode von Hanau aus, wo sie ihre Jugendzeit verbrachte, im Cronstetter Hynspergischen Stift untergebracht, einem Stift für verarmte adlige Damen in Frankfurt am Main. Um der Isolation zu entgehen, reiste sie häufig; auch zu Bettina von Arnim, die ihre Vertraute war und später (1840) den Briefroman »Die Günderode« herausgab. Clemens Brentano bemühte sich vergebens um Karoline. Seit 1804 lebte sie erwartungsvoll in einer unglückseligen Liebe zu dem Heidelberger Altphilologen Friedrich Creuzer. Als sie begriff, daß er sich von seiner Frau nicht trennen werde, nahm sie sich das Leben; sie erdolchte sich am Ufer des Rheins.
Karoline von Günderode schrieb vornehmlich Lyrik; auch Dramen und Prosastücke. Ihre ersten »Gedichte und Phantasien« erschienen 1804 unter dem Pseudonym »Tian«. Goethe konstatierte: »eine wirklich merkwürdige Erscheinung«.

Aus: Gedichte. Herausgegeben von Franz Josef Görtz. Insel Verlag Frankfurt am Main 1985. insel taschenbuch 809.

EMMY HENNINGS (BALL-HENNINGS)

Am 17. 1. 1885 in Flensburg geboren,
gestorben am 10. 8. 1948 in Sorengo/Lugano

Noch nicht siebzehn, heiratete Emmy Hennings, Kind einer Seemannsfamilie, den Schriftsetzer Hennings. Beide schlossen sich einer Wanderbühne an. Mit 23 Jahren – Hennings hatte sie verlassen – war sie als Vortragskünstlerin bekannt geworden, war Mitglied des Kabaretts »Simplicissimus« in München. Zugang zur modernen Literatur eröffnete ihr die Bekanntschaft mit bedeutenden Expressionisten. Sie lernte den Schriftsteller Hugo Ball kennen; zusammen mit Richard Huelsenbeck, Tristan Tzara, Hans Arp u.a. war Ball Mitbegründer des Dadaismus und des »Cabaret Voltaire«; auch erster Biograph Hermann Hesses. Sie emigrierten gemeinsam in die Schweiz, heirateten 1920; in diese Zeit fiel der Beginn der Freundschaft mit Hermann Hesse. Es folgten längere Italienaufenthalte; schließlich ließ sie sich im Tessin nieder. Hugo Ball starb 1927. Nachdem sie zum katholischen Glauben übergetreten war, entschied sie sich für eine asketische Lebensweise.
Franz Werfel gab ihren ersten Band »Die letzte Freude« 1913 innerhalb der Reihe »Der jüngste Tag« heraus. Sie schrieb auch Märchen, Legenden, Erzählungen und widmete sich der Herausgabe des Werks von Hugo Ball.

Traum – aus: Helle Nacht. Gedichte. Berlin 1922.
Ätherstrophen (Hinzufügung zum Gedicht: Dieses Gedicht ist für Hardy); An die Scheiben schlägt der Regen (Hinzufügung zum Gedicht: Robert Jentzsch gewidmet) – aus: Die letzte Freude. Gedichte. Kurt Wolf Verlag, Leipzig 1913. Bücherei ›Der Jüngste Tag‹ Band 5.
Der Abdruck erfolgt mit freundlicher Genehmigung der Erben.

LUISE HENSEL

Am 30. 3. 1798 in Linum bei Fehrbellin (Brandenburg) geboren, gestorben am 18. 12. 1876 in Paderborn

Luise Hensel, Tochter eines protestantischen Predigers, trat zwanzigjährig zum Katholizismus über. Sie arbeitete als Erzieherin, Gesellschafterin in fürstlichen Häusern, Krankenpflegerin und Lehrerin in verschiedenen Städten, u. a. Berlin, Münster, Düsseldorf, Koblenz, Aachen. Mit dem Kreis der Romantiker stand sie in enger Verbindung, u. a. mit Chamisso, E. T. A. Hoffmann, Clemens Brentano, dessen Rückkehr zum katholischen Glauben sie beeinflußte. Nur der Tatsache, daß sie dank ihrer hervorragenden pädagogischen und sozialpraktischen Fähigkeiten immer wieder gebraucht wurde, ist zuzuschreiben, daß sie nicht schon in jungen Jahren einem Kloster beitrat. Die letzten Lebensjahre allerdings verbrachte sie in einem Kloster in Paderborn.
Clemens Brentano war es, der ihre volkstümlichen Gedichte bewunderte und zur ersten Veröffentlichung drängte. Luise war zwanzigjährig, als ausgewählte Gedichte unter dem Pseudonym Ludwiga in dem Almanach »Sängerfahrt« 1818 erschienen. Darunter auch das hier abgedruckte Gedicht.

Aus: Müde bin ich, geh' zur Ruh. Leben und Werk der Luise Hensel. Von Winfried Freund. Güth + Etscheidt Verlagsgesellschaft, Rheda-Wiedenbrück 1984.

RICARDA HUCH

Am 18. 7. 1864 in Braunschweig geboren,
gestorben am 17. 11. 1947 in Schönberg im Taunus

Ricarda Huch: Die Lyrikerin, Erzählerin, Historikerin ist mit ihrem vielfältigen Werk eine der bedeutendsten Schriftstellerinnen des 20. Jahrhunderts; »die größte Frau Deutschlands« nannte sie Thomas Mann (1924).
Sie entstammte einer alten niedersächsischen Kaufmannsfamilie. Sie war noch nicht zwanzig, als ihre Eltern starben. Sie liebte den Mann der älteren Schwester, ihren Cousin Richard Huch. Dreiundzwanzigjährig ging sie nach Zürich (1887); zu einer Zeit, da Frauen an deutschen Universitäten noch nicht zugelassen waren, studierte sie dort Geschichte, Philologie und Philosophie; als eine der ersten deutschen Frauen promovierte sie zum Dr. phil. Zunächst arbeitete sie in Zürich als Bibliothekarin und Lehrerin; später als Lehrerin auch in Bremen. Von 1898 bis 1906 war sie mit dem italienischen Zahnarzt Ermanno Ceconi verheiratet (in Triest und München); von 1907 bis 1910, verheiratet mit Richard Huch, lebte sie in Braunschweig. Nachdem bereits zahlreiche Veröffentlichungen – Lyrik, Romane, die Monographie »Ausbreitung, Blütezeit und Verfall der Romantik« – vorlagen, schrieb sie nun, zurückgekehrt nach München, das Werk über den Dreißigjährigen Krieg »Der große Krieg«. In den Jahren ab 1916 hielt sie sich in der Schweiz auf, in Berlin, Heidelberg, Freiburg, dann ab 1936 in Jena. Sie starb kurz nach der Übersiedlung nach Frankfurt am Main.
Als erste Frau war sie 1930 in die Preußische Akademie der Künste aufgenommen worden; 1933 trat sie aus Protest gegen die Judenverfolgungen aus. Die Universität München ernannte sie 1924 zum Ehrensenator; u.a. erhielt sie 1931 den Goethepreis der Stadt Frankfurt; 1944 den Wilhelm-

Raabe-Preis der Stadt Braunschweig; 1946 ernannte die Universität Jena sie zum Dr. phil. h.c.

Aus: Gesammelte Gedichte. H. Haessel Verlag und Insel-Verlag Leipzig 1929.

ANNA LOUISA KARSCH

Am 1. 12. 1722 bei Züllichau in Niederschlesien geboren, gestorben am 12. 10. 1791 in Berlin

Anna Louisa Karsch war sechs Jahre alt, als der Vater, namens Dürbach, ein Bauerngastwirt, starb. Als sich die Mutter wieder verheiratete, zog die Tochter zu ihrem Großonkel, einem Amtmann, nach Posen; bei ihm lernte sie lesen und schreiben. Sie war sechzehn Jahre alt, als sie mit dem Tuchmacher Hirsekorn verheiratet wurde. Sie hatten drei Kinder, von denen zwei Söhne am Leben blieben. In diese Zeit fallen die ersten Versuche zu schreiben. Nach elf erniedrigenden Jahren wurde die Ehe geschieden; es ist die erste Ehescheidung in Preußen. Vier Jahre später heiratete sie den wandernden Schneider Karsch in Fraustadt. Geburt der Tochter Caroline Luise, spätere von Klencke. Auf losen Blättern wurden die ersten Gedichte gedruckt. Anläßlich der Erfolge Friedrichs II. im Siebenjährigen Krieg schrieb sie auch patriotische Oden. Nachdem ihr Mann zum preußischen Heer angeworben war, siedelte sie nach Berlin über, wo man sie als Dichterin zu rühmen wußte: Gleim, Wieland, Herder, Lessing, Mendelssohn. Selbst Friedrich II. gewährte ihr 1763 Audienz. Ein Jahr später erschienen, von Gleim und Sulze herausgegeben, »Auserlesene Gedichte«. Gleim, den sie unerwidert liebte, notierte: »Soviel als Frau Karschin für ihre Sammlung bekommen hat, kann sich noch kein deutscher Dichter rühmen ...« Goethe schätzte ihre Poesie. Herder lobte ihre »hohe und starke Naturempfindung«.
Anna Louisa Karsch nannte sich ganz modern »eine Liedermacherin«. Sie war die erste deutsche Dichterin aus dem

vierten Stand; und die erste Frau in Deutschland, so heißt es, die sich ihren Lebensunterhalt mit Schreiben verdiente.

Aus: O, mir entwischt nicht was die Menschen fühlen. Gedichte und Briefe von Anna Louisa Karschin. Herausgegeben und mit einem Nachwort von Gerhard Wolf. Buchverlag Der Morgen, Berlin 1981 (und Fischer Taschenbuch 5109, 1982).

MARIE LUISE KASCHNITZ

(geb. von Holzing-Berstett,
verh. Freifrau von Kaschnitz-Weinberg)
Am 31. 1. 1901 in Karlsruhe geboren,
gestorben am 10. 10. 1974 in Rom

Marie Luise Kaschnitz entstammte einer badischen Adelsfamilie; Kindheit und Jugend verbrachte sie in Potsdam und Berlin. Nach ihrer Ausbildung als Buchhändlerin in Weimar und München arbeitete sie ab 1924 in einem Antiquariat in Rom. Den Wiener Archäologen Guido von Kaschnitz-Weinberg heiratete sie 1925; Geburt der Tochter Iris. Sie begleitete ihren Mann auf zahlreichen Studienreisen nach Italien, Griechenland, Nordafrika und in die Türkei. Von 1932 bis 1955 lebte die Familie in Deutschland und in Rom bis zum Tod K.-W.s 1958. Marie Luise Kaschnitz kehrte nach Frankfurt zurück. In den dreißiger Jahren begann Marie Luise Kaschnitz als Romanautorin; sie schrieb Erzählungen, Hörspiele, Essays, autobiographische Schriften, insbesondere auch Lyrik. Sie wurde u.a. mit dem Büchner-Preis ausgezeichnet, 1955; 1960 hatte sie die Gastdozentur für Poetik in Frankfurt am Main inne; 1966 wurde ihr die Goethe-Plakette der Stadt Frankfurt verliehen; 1968 die Ehrendoktorwürde durch die Universität Frankfurt.

Aus: Gesammelte Werke. Herausgegeben von Christian Büttrich und Norbert Miller. Fünfter Band. Die Gedichte. Gesammelte Werke © Insel Verlag Frankfurt am Main 1985.
Kleine Ballade – aus: Nachgelassene Gedichte 1919-1974. GW 5 © Insel Verlag Frankfurt am Main 1985.
Machandelbaum; Geheim; Seenot; Über den Bettrand gebeugt; Nicht gesagt – aus: Ein Wort weiter. Gedichte. © 1965 Claassen Verlag GmbH, Hamburg und Düsseldorf (jetzt Hildesheim).
Tritte des Herbstes; Nicht mutig; diese drei Tage – aus: Kein Zauberspruch. Gedichte. © Insel Verlag Frankfurt am Main 1972.

GERTRUD KOLMAR

Am 10. 12. 1894 in Berlin geboren,
verschollen seit Februar/März 1943 (sie wurde vermutlich nach Auschwitz deportiert)

Gertrud Kolmars jüdisches, großbürgerliches Elternhaus war künstlerisch aufgeschlossen. Die Familie des Vaters, der Berliner Rechtsanwalt Ludwig Chodziesner, stammte aus Chodziesen (Kolmar, Kreis Posen). Sie legte das Lehrerinnenexamen für Französisch und Englisch ab, eignete sich auch russische und hebräische Sprachkenntnisse an. Während des Ersten Weltkriegs arbeitete sie als Dolmetscherin im Auswärtigen Amt; Anfang der zwanziger Jahre als Erzieherin. 1928 zog sie sich in ihr Elternhaus zurück und pflegte die Eltern; die Mutter starb 1930. 1938 wurde der Familienbesitz zwangsverkauft; 1941 wurde sie zur Fabrikarbeit zwangsverpflichtet; 1941 wurde der achtzigjährige Vater nach Theresienstadt deportiert; 1943 auch sie; die letzte Nachricht traf am 21. 2. 1943 ein.
1917 erschienen die ersten Gedichte. Die Manuskripte konnten im Ausland gerettet werden; sie schrieb auch erzählende Prosa, die Lyrik aber ist von oberster Bedeutung.

Aus: Das lyrische Werk. © by Kösel-Verlag München 1960.

HERTHA KRÄFTNER

Am 26. 4. 1928 in Wien geboren,
gestorben am 13. 11. 1951 in Wien

Hertha Kräftner – Tochter eines politisch engagierten Kaufmanns – wuchs in Wien und im Burgenland auf. Sie studierte ab 1946 Germanistik und Anglistik an der Universität in Wien und beabsichtigte, mit einer Arbeit über »Die Stilprinzipien des Surrealismus« zu promovieren. Nach Kriegsende publizierte sie ihre ersten Arbeiten. Für ihre Prosa erhielt sie 1951 den Preis der Wiener Kulturzeitschrift »Neue Wege«. Im Alter von 23 Jahren nahm sie sich mit einer Überdosis Schlaftabletten das Leben.

Aus: Das Werk. Gedichte, Skizzen, Tagebücher. Ausgewählt von Otto Breicha und Andreas Okopenko. Verlegt bei der Edition Roetzer. © 1977 by Burgenländischer PEN-Club, Eisenstadt/Österreich.

ELISABETH LANGGÄSSER

Am 23. 2. 1899 in Alzey (Rheinhessen) geboren,
gestorben am 25. 7. 1950 in Rheinzabern (Pfalz)

Elisabeth Langgässers Mutter: Eugenia Maria Pauline geb. Dienst; ihr Vater: Eduard Langgässer, Architekt und Baurat in Alzey. Nach seinem Tod 1909 zog die Familie nach Darmstadt. Sie arbeitete als Lehrerin an verschiedenen hessischen Schulen. 1929 zog sie nach Berlin: Von 1929 bis 1930 war sie Dozentin der Pädagogik und Methodik an der Sozialen Frauenschule, danach freie Schriftstellerin. Sie hatte eine Tochter. Zusammen mit Peter Huchel, Günter Eich, dem Autorenpaar Oda Schaefer/Horst Lange gehörte sie zu den Mitarbeitern der Zeitschrift »Die Kolonne«. 1935 heiratete sie den Philosophen Wilhelm Hoffmann; sie hatten drei Töchter. Als Jüdin 1936 aus der Reichsschrifttumkammer ausgeschlossen, wurde ihr Schreibverbot auferlegt; 1944 folgte die Dienstverpflichtung als Fabrikarbeiterin, obwohl zwei Jahre zuvor ihre Erkrankung an multipler Sklerose festgestellt worden war. Die älteste Tochter überlebte das KZ; sie kehrte 1946 zurück. Danach zog die Familie nach Rheinzabern. Während der Zeit des Schreibverbots entstand der Roman »Das unauslöschliche Siegel«, der sie nach dem Krieg, wenn auch vorübergehend, berühmt machte.
Posthum wurde Elisabeth Langgässer, der Lyrikerin, Erzählerin, Essayistin, 1950 der Georg-Büchner-Preis verliehen.

ELSE LASKER-SCHÜLER

Am 11. 2. 1869 in Wuppertal-Elberfeld geboren,
gestorben am 22. 1. 1945 in Jerusalem, begraben am Ölberg

Else Lasker-Schüler wuchs in jüdischer Glaubenstradition in einem gutbürgerlichen Elternhaus auf; der Vater Aron Schüler war Bankier und Architekt; der Großvater ein westfälischer Großrabbiner. Mütterlicherseits war sie von spanisch-jüdischer Abstammung. Sie war das sechste Kind. Aus gesundheitlichen Gründen, einer periodisch auftretenden Nervenkrankheit, wurde sie ab 1880 privat unterrichtet. Der Verlust der Mutter 1890 traf sie sehr. Fünfundzwanzigjährig heiratete sie (1894) den Arzt Berthold Lasker; sie zogen nach Berlin. Hier ging sie ihrer zeichnerischen Begabung nach. Gelegentlich illustrierte sie auch eigene Bücher. 1902 erschienen die ersten »Gedichte«. Aus der Ehe, die 1903 geschieden wurde, stammte der Sohn Paul. Das Leben, das sie nun führte, war unstet, ungesichert, bohemehaft. Das »Café des Westens« war der Treffpunkt Gleichgesinnter: Richard Dehmel, Theodor Däubler, Gottfried Benn, Georg Trakl, Franz Marc, Karl Kraus, Kurt Pinthus. Besonders muß die Freundschaft mit Peter Hille erwähnt werden. Von 1903 bis 1912 war sie mit Georg Levin verheiratet, dem sie den Namen Herwarth Walden gab, der spätere Herausgeber der expressionistischen Zeitung »Der Sturm«. Nach der Scheidung reiste sie u.a. nach London, Prag, Wien, Rußland. 1927 starb ihr Sohn. 1933 emigrierte sie in die Schweiz; mehrmals reiste sie nach Jerusalem. Ab 1939 blieb sie dort. Die letzten Jahre lebte sie einsam und verarmt.

Else Lasker-Schüler war vor anderem Lyrikerin. Gottfried Benn nannte sie »die größte Lyrikerin, die Deutschland je besaß«. 1932 wurde sie mit dem Kleist-Preis ausgezeichnet.

Aus: Sämtliche Gedichte. Herausgegeben von Friedhelm Kemp. Kösel-Verlag 1966, München.

CHRISTINE LAVANT

(eig. Christine Habernig, geb. Thonhauser)
Am 4. 7. 1915 in Groß-Edling bei St. Stefan/Kärnten (im Lavanttal) geboren,
gestorben am 8. 6. 1973 in Wolfsberg in Kärnten

Christine Lavant, Tochter einer kinderreichen Bergarbeiterfamilie, wuchs in ärmlichen Verhältnissen auf. Sie besuchte die Volksschule und arbeitete dann in ihrem Heimatdorf, wie schon die Mutter, als Strickerin. Sie war vierundzwanzig, als sie heiratete; mit ihrem Mann Habernig zog sie nach St. Stefan. Nach der Veröffentlichung des ersten Gedichtbandes 1949 erschien »Die Bettlerschale« 1956, ein höchst beachteter Gedichtband. Es folgten andere Gedichtbände, aber auch mehrere Erzählungsbände.

Der Schutzpatron der Irren; In doppelter Ährenhöhle – aus: Der Pfauenschrei. Gedichte. Otto Müller Verlag Salzburg, 4. Aufl. 1991.
Diese deine Herbergstelle; Ich habe deinen und meinen Schatten – aus: Spindel im Mond. Gedichte. Otto Müller Verlag Salzburg, 5. Aufl. 1995.
Die Nacht geht fremd an mir vorbei; Wieder brach er bei dem Nachbar ein – aus: Die Bettlerschale. Gedichte. Otto Müller Verlag Salzburg, 6. Aufl. 1991.
Ja, lieber Vogel; Den Mäuslein sträubt sich jetzt das Fell – aus: Kunst wie meine ist nur verstümmeltes Leben. Nachgelassene und verstreut veröffentlichte Gedichte, Prosa, Briefe. Ausgewählt und herausgegeben von Armin Wigotschnig und Johann Strutz. Otto Müller Verlag Salzburg, 1. Aufl. 1978.

GERTRUD VON LE FORT

Am 11. 10. 1876 in Minden (Westfalen) geboren,
gestorben am 1. 11. 1971 in Oberstdorf (Bayern)

Als Tochter des preußischen Majors Lothar Freiherr von le Fort verbrachte Gertrud von le Fort ihre Jugend in verschiedenen Garnisonsstädten, auch auf Gut Boek am Müritzsee/Mecklenburg. Bis zum vierzehnten Lebensjahr erhielt sie Privatunterricht, danach besuchte sie die Schule in Hildesheim. In Heidelberg studierte sie ab 1908 evangelische Theologie, Geschichte, Philosophie; sie war Schülerin von Ernst Troeltsch, dessen »Glaubenslehre« sie 1925 herausgab. 1926 trat sie in Rom zum katholischen Glauben über, von dem ihr dichterisches Werk wesentlich beeinflußt wurde. Sie war seit 1899 literarisch tätig. Die Jahre von 1918 bis 1939 verbrachte sie in Baierbrunn, danach bis zu ihrem Tod in Oberstdorf; eine Zeit, die lediglich durch einen dreijährigen Aufenthalt in der Schweiz und zahlreiche Reisen nach Italien unterbrochen war.
Gertrud von le Fort schrieb Gedichte, Romane, Novellen, Essays und gilt als bedeutendste katholische Schriftstellerin. Es wurden ihr zahlreiche namhafte Preise verliehen; 1956 wurde sie zum Ehrendoktor der Theologie der Universität München ernannt.

Aus: Gedichte und Aphorismen. © 1970 by Franz Ehrenwirth Verlag GmbH & Co. KG, München.
Anmerkungen zu den »Drei Festhymnen«:
[1]: Zur Einweihung der Frauen-Friedenskirche in Frankfurt am Main.
[2]: Gruß an Anton Kippenberg zu seinem siebzigsten Geburtstag.
[3]: Zum Empfang des Hochwürdigen Bischofs von Münster, Clemens August Graf von Galen.

PAULA LUDWIG

Am 5. 1. 1900 in Altenstadt bei Feldkirch (Vorarlberg) geboren, gestorben am 27. 1. 1974 in Darmstadt

Nach der Trennung der Eltern wuchs Paula Ludwig (Tochter eines aus Schlesien stammenden Tischlers und einer Österreicherin) in Linz bei ihrer Mutter auf. Nach deren Tod, 1914, versorgte sie bei ihrem Vater in Breslau die Geschwister. Siebzehnjährig gebar sie einen Sohn; 1918 zog sie mit dem Kind nach München. Sie verdiente den Unterhalt u.a. als Malermodell, wurde Schauspielerin, malte, begann zu schreiben. 1923-1933 lebte sie in Berlin; sie emigrierte 1934 nach Österreich, 1938 nach Frankreich, 1940 nach Spanien, Portugal, Brasilien und kehrte 1953 nach Österreich zurück. In Wetzlar lebte sie von 1956 bis 1970; danach in Darmstadt, vereinsamt bis zu ihrem Tod.
Mit zwanzig erschien ihr erster Gedichtband, »Die selige Spur«. In seinem Vorwort schrieb Hermann Kasack, sie gehöre zu »den wenigen dichterischen Frauengestalten unserer Zeit in Deutschland«. Eine auch für ihr Schreiben wesentliche Beziehung war die zu Yvan Goll.

Aus: Paula Ludwig: Gedichte. Gesamtausgabe. © 1986 Langewiesche-Brandt, Ebenhausen bei München.

MECHTHILD VON MAGDEBURG

Um 1207/10 geboren, gestorben 1282/83;
lebte im Kloster Helfta bei Eisleben

Es ist zu vermuten, daß Mechthild die literarisch gebildete Tochter niedersächsischer adliger Eltern war. Zwölfjährig hatte sie ihre erste Vision; 1230 wurde sie Begine in Magdeburg und lebte zwanzig Jahre in strenger Askese. 1250 begann sie mit der Niederschrift ihrer Visionen. In wenigen Jahren schon sollen die ersten fünf Bücher vorgelegen haben. Sie schrieb auch ein sechstes Buch. Nach schwerer Krankheit trat sie 1271 in das Zisterzienserinnenkloster Helfta bei Halle ein; Getrud von Hackeborn war die Äbtissin. Dort entstand das siebte Buch.
»Das fließende Licht der Gottheit« – dies der Titel der mystischen Visionen in wechselnden Formen: expressive und lehrhafte Prosa, zweizeilige gereimte Sinnsprüche, Dialoge, Lehrgedicht, hymnisches Gebet und geistliche Liebeslyrik. Das Werk gilt als das bedeutendste Zeugnis der deutschsprachigen Mystik vor Meister Eckhart. Das niederdeutsche Original des Textes ging verloren; erhalten sind zwei Handschriften (14. und 15. Jahrhundert), eine von Heinrich von Nördlingen verfaßte Übertragung ins Alemannische.

Aus: Der Dom. Mystische Dichtung aus sieben Jahrhunderten. Gesammelt, übertragen und eingeleitet von Friedrich Schulze-Maizier. Insel-Verlag Leipzig 1925. Faksimileausgabe: Insel Verlag Frankfurt am Main 1980. Ausgenommen die folgenden Texte: Von der Hofreise der Seele; Von den Jungfrauen der Seele und vom Schlage der Minne; Von der mannigfachen Zierde der Braut ...; Wie Gott die Seele lobt; Von diesem Buche – aus: Die Gesichte der Schwester Mechtild von Magdeburg. Aus dem »Fließenden Licht der Gottheit«. Auswahl und Geleitwort: Heinrich Adolf Grimm. 1917. Insel-Bücherei Nr. 236. (Seit 1937 IB 404,2)

SOPHIE MEREAU

Am 28. 3. 1770 in Altenburg geboren,
gestorben am 31. 10. 1806 in Heidelberg

Sophie Mereau, Tochter des herzogl.-sächs. Sekretärs und Obersteuerbuchhalters Gotthelf Heinrich Schubart, wurde, gemeinsam mit ihrer Schwester Henriette, musisch erzogen und in modernen Sprachen unterrichtet. 1787 lernte sie den Jenaer Bibliothekar und späteren Juraprofessor Friedrich Ernst Karl Mereau kennen, der sie – ihre literarischen Interessen unterstützend – mit Schiller bekannt machte. Erste Gedichte wurden in Schillers »Thalia« veröffentlicht. Schiller beauftragte sie, Texte von Germaine de Staël zu übersetzen. 1793 heiratete sie Mereau. In ihrem Jenaer Haus trafen sich Schiller, Jean Paul, Herder, die Brüder Tieck, Fichte, Schelling, die Brüder Schlegel, Dorothea Mendelssohn. Der Sohn starb 1800. Es blieb eine Tochter. 1801 wurde die Ehe geschieden; Sophie Mereau zog nach Camberg. Es begann eine Zeit reger literarischer, herausgeberischer Tätigkeit. 1803 heiratete sie den Schriftsteller Clemens Brentano. Nach kurzer Zeit in Marburg und Jena lebten sie ab 1804 in Heidelberg. Sophie Mereau starb bei der Geburt ihres dritten Kindes mit Clemens.
Als Lyrikerin, Erzählerin, Übersetzerin, Herausgeberin gilt sie als eine der ersten deutschen »Berufsschriftstellerinnen«. Boccaccios »Fiametta« wird bis heute in ihrer Übersetzung veröffentlicht. Sie trat für das Recht der Frau ein, für freie Partnerverbindung.
1981 erschien der Briefwechsel von Clemens Brentano und Sophie Mereau, herausgegeben von Dagmar von Gersdorff; 1984 folgte, von Dagmar von Gersdorff, »Das Leben der Sophie Brentano-Mereau«.

Aus: Gedichte. Erstes Bändchen: Bey Johann Friedrich Unger, Berlin 1800.

MERET OPPENHEIM

Am 6. 10. 1913 in Berlin-Charlottenburg geboren,
gestorben am 15. 11. 1985 in Basel

Meret Oppenheim, Tochter einer Schweizerin und eines Deutschen, verbrachte ihre Jugend im Berner Jura, in Süddeutschland und in Basel. 1932 besuchte sie in Paris, episodisch, die »Académie de la Grande Chaumière«. Es entstanden Zeichnungen und Bilder mit aufgeklebten Gegenständen. Alberto Giacometti und Hans Arp besuchten sie 1933 in ihrem Atelier und forderten sie auf, zusammen mit den Surrealisten im »Salon des Surindépendants« auszustellen. Sie gehörte dem Kreis um André Breton, Marcel Duchamp, Max Ernst an. In dieser Zeit entstanden ihre ersten Gedichte. Das Objekt »Le déjeuner en fourrure« wird vom Museum of Modern Art in New York erworben, 1936. Ein anderes Objekt, »Ma gouvernante, my nurse, mein Kindermädchen«, befindet sich heute im Moderna Museet in Stockholm. 1949 heiratet sie Wolfgang LaRoche. Einzel- und Gruppenausstellungen fanden weltweit statt, später auch Retrospektiven ihres Werks. Nach dem Tod ihres Mannes, 1967, arbeitete sie in Paris und Bern. Die Stadt Bern erteilte ihr 1983 den Auftrag für einen Brunnen auf dem Waisenhausplatz; die Einweihung fand im November statt. Sie wurde mehrfach ausgezeichnet: mit dem Kunstpreis der Stadt Basel, 1975; mit dem Großen Preis der Stadt Berlin, 1982. U.a. sind die Gedichte »Sansibar«, mit Serigraphien, 1981 erschienen und »Caroline«, mit Radierungen, 1984.

Aus: Husch, husch, der schönste Vokal entleert sich. Gedichte, Zeichnungen. Herausgegeben und mit einem Nachwort von Christiane Meyer-Thoss. edition suhrkamp 1232.

NELLY SACHS

Am 10. 12. 1891 in Berlin geboren,
gestorben am 12. 5. 1970 in Stockholm

Nelly Sachs, einziges Kind des jüdischen Fabrikanten William Sachs und seiner Frau Margarete, hatte seit ihrem fünfzehnten Lebensjahr brieflichen Kontakt mit Hermann Hesse und Selma Lagerlöf, der sie 1921 ihr erstes Buch »Legenden und Erzählungen« widmete. Selma Lagerlöf war es auch, die ihr und ihrer Mutter 1940 zur Ausreise ins Exil nach Stockholm verhalf. Hier schrieb sie ihre Gedichte; 1947 erschien der erste Band: In den Wohnungen des Todes. Sie übersetzte schwedische Lyrik ins Deutsche; sie pflegte ihre Mutter bis zu deren Tod 1950. Nelly Sachs schrieb ihr lyrisches Werk, um angesichts der Tragödie des jüdischen Volks das sprachlose Entsetzen zu überwinden; als »Dichterin jüdischen Schicksals« wurde sie berühmt. Zusammen mit dem israelischen Dichter Agnon erhielt sie 1966 den Nobelpreis für Literatur.

Einer war; Chor der Geretteten; Geschirmt sind die Liebenden; Immer dort wo Kinder sterben; Stimme des Heiligen Landes; Kommt einer von ferne – aus: Fahrt ins Staublose. Die Gedichte der Nelly Sachs. © Suhrkamp Verlag Frankfurt am Main 1961.
Diese Nacht; Hinter der Tür; Auf und ab gehe ich; Diese Telegrafie mißt mit der Mathematik à la satane – aus: Suche nach Lebenden. Die Gedichte der Nelly Sachs. Band 2. © Suhrkamp Verlag Frankfurt am Main 1971.

DIE SCHWESTERN VON ST. KATHARINA

(»Die Grundel«, »Das Logelin«, »Das Kresseli«; Anna Bruhi, Elsbeth Stierli, Anna Humpisi, Anna Falk, Agnes Bützli, Barbara Hufeisen) lebten im 15. Jahrhundert in St. Gallen und in Villingen

Aus dem Werk: Die deutsche Mystik im Predigerorden nach ihren Grundlehren, Liedern und Lebensbildern aus handschriftlichen Quellen von Dr. C. Greith, Domdecan in St. Gallen. 1861 – sei folgendes zum Verständnis zitiert: »Für die Schwestern des beschaulichen Lebens hatte jede Blume auf dem Felde, jeder Fisch im Wasser, jeder Vogel in der Luft eine Stimme, um irgendeine Tugend zu verkünden und die Berufenen stets an ihr ewiges Ziel und Ende zu ermahnen ... Der Lachs wird in dem rauschenden Rhein gefangen, und dieser Rhein ist der süße Gnadenstrom des heiligen Geistes ... Das Rotäuglein drückt die Andacht der Seele aus; wenn deine Augen in der Andacht von den Minnetränen rot geworden, wird Christus dich lösen und retten aus aller Not ... Der feine Hering deutet auf die subtile Vernunft; er bleibt frisch, wird ihm viel Salz gegeben; so bleibt die Seele von der Wollust der Welt unbemakelt, wenn sie das Salz der Weisheit schmeckt.«
Außerdem vermerkt Greith in seinem Vorwort: »Diese herrliche Naturanschauung machte sich in den Lehrabhandlungen und Gedichten der Dominicaner geltend ... sowie aus dem Reich der Fische und Vögel hervor, welche die Schwestern von St. Katharina in St. Gallen von den Klarissinnen zu Villingen im Laufe des fünfzehnten Jahrhunderts empfangen haben.«

Aus: Der Dom. Mystische Dichtungen aus sieben Jahrhunderten. Gesammelt, übertragen und eingeleitet von Friedrich Schulze-Maizier. Insel-Verlag Leipzig 1925. Faksimileausgabe: Insel Verlag Frankfurt am Main 1980.

INA SEIDEL

Am 15. 9. 1885 in Halle geboren,
gestorben am 2. 10. 1974 in Ebenhausen bei München

Ina Seidel verbrachte ihre Kindheit in Braunschweig. Ihr Vater war Arzt und ihr Bruder der Schriftsteller Heinrich Seidel. Nach dem Selbstmord des Vaters, 1896, zog die Familie zunächst nach Marburg, ein Jahr später nach München. Zweiundzwanzigjährig heiratete sie ihren Vetter Heinrich Wolfgang Seidel, Pfarrer und Schriftsteller, den Sohn Heinrich Seidels. Sie lebten bis 1914 in Berlin. Sie hatten zwei Kinder; seit 1908 war sie durch eine Kindbettinfektion gehbehindert. Nach einigen Jahren in Eberswalde kehrte die Familie 1923 nach Berlin zurück. Starnberg wurde ab 1934 der endgültige Wohnsitz. Seit 1914 erschienen ihre Gedichte, Erzählungen, Essays; unter ihren Romanen wurde »Das Wunschkind« (1930) der größte Erfolg. Sie wurde vielfach ausgezeichnet.

Aus: Gedichte. © 1955 by Deutsche Verlags-Anstalt, Stuttgart. (Bei den ›Kleinen Präludien‹ handelt es sich um Nr. 14 und Nr. 11.)

REGINA ULLMANN

Am 14. 12. 1884 in St. Gallen geboren,
gestorben am 6. 1. 1961 in München

Regina Ullmann, Tochter eines Stickerei-Exporteurs, lebte bis zum Tod ihres Vaters in St. Gallen. Sie siedelte mit ihrer Mutter nach München über. Hier machte sie die Bekanntschaft u. a. von Hans Carossa, Ina Seidel. Auf besondere Weise war sie ab 1908 freundschaftlich mit Rainer Maria Rilke verbunden, der die Veröffentlichung ihrer Dichtungen förderte. Der erste Band erschien 1910: Von der Erde des Lebens. 1911 trat sie in Altötting zur katholischen Kirche über. 1937 kehrte sie nach St. Gallen zurück. Sie wurde mehrfach ausgezeichnet.

Aus: Erzählungen. Prosastücke. Gedichte. Erster Band. Zusammengestellt von Regina Ullmann und Ellen Delp. Neu herausgegeben von Friedhelm Kemp. Kösel-Verlag, München 1978. Mit freundlicher Genehmigung von Camilla Ullmann.

MARIANNE WILLEMER

Vermutlich am 20. 11. 1784 in Linz an der Donau (?) geboren, gestorben am 6. 12. 1860 in Frankfurt am Main

Marianne Willemer, Tochter der Schauspielerin Elisabeth Pirngruber, kam 1798 mit ihrer Mutter aus Wiener Neustadt ans Theater nach Frankfurt am Main, wo sie als Tänzerin und Schauspielerin sofort die Aufmerksamkeit auf sich zog. Der verwitwete Bankier Johann Jakob Willemer, Frankfurter Senator und Preußischer Geheimer Rat, nahm sie zu seinen vier Töchtern in sein Haus. Hier erhielt sie eine vorzügliche Erziehung, lernte das Gitarrespiel, lernte singen und zeichnen. 1814 willigte Marianne nach langem Zögern in die Heirat mit Willemer ein. Im selben Jahr und im folgenden war Goethe die letzten Male in Frankfurt; 1815 wohnte er bei den Willemers auf der Gerbermühle am Main. Seine Neigung zu Marianne wurde heftig erwidert. Daraus entstand das lyrische Zwiegespräch zwischen Hatem und Suleika im »West-östlichen Divan«. Einige ihrer schönsten Liebes-Lieder nahm Goethe in sein Buch »Suleika« auf – eine Auszeichnung, wie er sie keiner anderen Frau erwiesen hat.

Zu den Kleinen zähl ich mich (S. 11 f.); Das Heidelberger Schloß (S. 157f.); Was bedeutet die Bewegung (S. 335 f.); Ach um deine feuchten Schwingen (S. 342 f.) – aus: Johann Wolfgang Goethe. Briefwechsel mit Marianne und Johann Jakob Willemer. Herausgegeben von Hans-J. Weitz. © Insel Verlag Frankfurt am Main 1986. insel taschenbuch 900.
Erste Silbe; Zweite Silbe (S. 202 f.) – aus: Carmen Kahn-Wallerstein: Marianne von Willemer – Goethes Suleika. © Insel Verlag Frankfurt am Main 1984.

INHALTSVERZEICHNIS

Luise Hensel (1798-1876)

Marie von Ebner-Eschenbach (1830-1916)

Ricarda Huch (1864-1947)

Else Lasker-Schüler (1869-1945)

Ina Seidel (1885-1974)

Claire Goll (1891-1977)

Nelly Sachs (1891-1970)

Gertrud Kolmar (1894-1943)

Anthologien im insel taschenbuch

Alle Jahre wieder. Ein Weihnachtsbuch mit Geschichten, Liedern und Bildern. Ausgewählt von Gottfried Natalis. it 1362

Alt-Prager Geschichten. Gesammelt von Peter Demetz. Mit Illustrationen von Hugo Steiner-Prag. it 613

Alt-Wiener Geschichten. Gesammelt von Joseph Peter Strelka. Mit sechs farbigen Abbildungen. it 784

Bäume. Das Insel-Buch der Bäume. Gedichte und Prosa. Ausgewählt und herausgegeben von Gottfried Honnefelder. Mit sechzehn Farbtafeln. it 1041

Briefe berühmter Frauen. Von Liselotte von der Pfalz bis Rosa Luxemburg. Herausgegeben von Claudia Schmölders. it 1505

Das Buch der Liebe. Gedichte und Lieder, ausgewählt von Elisabeth Borchers. it 82

Das Frühlingsbuch. Gedichte und Prosa. Herausgegeben von Hans Bender und Nikolaus Wolters. it 914

Geschichten aus dem alten Prag. Sippurim. Herausgegeben, mit Anmerkungen und mit einem Nachwort versehen von Peter Demetz. it 1519

Geschichten vom Sport. Gesammelt und in Form gebracht von Bernd Goldmann und Bernhard Schwank. it 1535

Glück. Erkundigungen, eingeholt von Gottfried Honnefelder. it 1459

Das Herbstbuch. Gedichte und Prosa. Herausgegeben von Hans Bender. it 657

Ich wollt in Liedern oft Dich preisen. Gedichte an den Lebensgefährten. Herausgegeben von Cordula Gerhard. it 1552

Die Insel-Weihnachtskassette. Das Weihnachtsbuch. Das Weihnachtsbuch für Kinder. Das Weihnachtsbuch der Lieder. 3 Bde. in Kassette. it 45/156/157

Das Katzenbuch. Von Katzen und ihren Freunden. Geschichten, Gedichte, Bilder. Gesammelt von Hans Bender und Hans Georg Schwark. it 567

Kurz vor Mitternacht. Sechs Variationen über ein Thema von Machado de Assis. Herausgegeben von Ray-Güde Martin. it 1654

Liebe Mutter. Eine Sammlung von Elisabeth Borchers. it 230

Liebe und Eros. Spurensuche für Liebende. Zusammengestellt und mit einem Vorwort versehen von Bernhard Kytzler. it 1613

Liebe und Tod in Wien. Geschichten aus einer Stadt. Herausgegeben von Jean Gyory. it 815

»Matrosen sind der Liebe Schwingen«. Homosexuelle Poesie von der Antike bis zur Gegenwart. Herausgegeben von Joachim Campe. it 1599

163/1/3.95

Anthologien
im insel taschenbuch

Mütter berühmter Männer. Zwölf biographische Portraits. Herausgegeben von Luise F. Pusch. it 1356

Friedrich Nietzsche: ›Wie man wird, was man ist.‹ Ermutigungen zum kritischen Denken. Herausgegeben von Ursula Michels-Wenz. it 1096

Das Poesiealbum. Verse zum Auf- und Abschreiben. Mit Bildern und Vignetten. Ausgewählt und zusammengestellt von Elisabeth Borchers. it 414

Schlimme Hexengeschichten. Herausgegeben von Franz Rottensteiner. it 1380

Schöne Jugend. Eine literarische Spurensuche von Gottfried Honnefelder. Mit farbigen Abbildungen. it 1129

Die schönsten Pferdegeschichten. Ausgewählt von Katja Behrens. it 1734

Schwestern berühmter Männer. Zwölf biographische Porträts. Herausgegeben von Luise F. Pusch. Redaktionelle Mitarbeit: Jutta Wasels. it 796

Der sehr nützliche Geburtstagskalender. Mit ausgewählten Gedichten und farbigen Bildern. Zusammengestellt von Elisabeth Borchers. it 1618

Ein Sommer wie im Märchen. Geschichten für den Reisekoffer gepackt von Franz-Heinrich Hackel. it 1728

Das Sommerbuch. Gedichte und Prosa. Herausgegeben von Hans Bender. it 847

Sommerferien. Geschichten für den Reisekoffer gepackt von Götz Silatan. it 1415

Über die Liebe. Gedichte und Interpretationen aus der ›Frankfurter Anthologie‹. Herausgegeben von Marcel Reich-Ranicki. it 794

Der versiegelte Engel. Erzählungen zu Ikonen. Mit farbigen Abbildungen. Ausgewählt und mit einem Nachwort versehen von Angela Martini-Wonde. it 1132

Vom Abschied. Eine Gedichtsammlung. Herausgegeben von Margot Litten. Originalausgabe. it 694

Vom mönchischen Leben. Geschichte einer Sehnsucht. Herausgegeben von Johannes Werner. it 1473

Vom Tod. Ein Lesebuch für jedermann. Herausgegeben von Werner Koch. it 1037

Warum in die Ferne? Das Lesebuch vom Daheimbleiben. Eingerichtet von Hans Christian Kosler. it 1332

Weihnachten. Erzählungen aus alter und neuer Zeit. Ausgewählt von Gottfried Natalis. Mit zahlreichen Abbildungen und Initialen. it 946

163/2/3.95

Anthologien
im insel taschenbuch

Das Weihnachtsbuch. Mit alten und neuen Geschichten, Gedichten und Liedern. Ausgewählt von Elisabeth Borchers. it 46

Das Weihnachtsbuch der Lieder. Mit alten und neuen Liedern zum Singen und Spielen. Ausgewählt von Gottfried Natalis. Mit einem Nachwort von Ernst Klusen. it 157

Wien im Gedicht. Herausgegeben von Gerhard C. Krischker. it 1488

Das Wiener Kaffeehaus. Herausgegeben von Kurt J. Heering. Mit zahlreichen Abbildungen. it 1318

Das Winterbuch. Gedichte und Prosa. Herausgegeben von Hans Bender und Hans Georg Schwark. it 728

Wundersame Geschichten von Engeln. Gesammelt von Felix Karlinger. it 1226

Zum Teufel. Diabolische Geschichten. Aufgespießt von Franz Rottensteiner. it 1708

163/3/3.95

Lyrik
im insel taschenbuch

Charles Baudelaire: Die Blumen des Bösen. Übertragen von Carlo Schmid. it 120

Bertolt Brecht: Hauspostille. Mit Anleitungen, Gesangsnoten und einem Anhang. Radierungen von Christoph Meckel. it 617

Wilhelm Busch: Kritisch-Allzukritisches. Gedichte. Ausgewählt und mit einem Nachwort von Theo Schlee. Mit Illustrationen von Wilhelm Busch. it 52

Hans Carossa: Gedichte. Der alte Taschenspieler. it 1461

Catull: Sämtliche Gedichte. Lateinisch und deutsch. Aus dem Lateinischen von Carl Fischer. Mit einem Nachwort von Bernhard Kytzler. it 1736

Friedrich Cramer: Spiel der Synapsen. Gedichte und Prosa. it 1657

Annette von Droste-Hülshoff: Sämtliche Gedichte. Mit einem Nachwort von Ricarda Huch. it 1092

Joseph von Eichendorff: Gedichte. Mit Zeichnungen von Otto Ubbelohde. Herausgegeben von Traude Dienel. it 255

– Gedichte. In chronologischer Folge herausgegeben von Hartwig Schultz. it 1060

Theodor Fontane: Herr von Ribbeck auf Ribbeck. Gedichte und Balladen. Herausgegeben von Gottfried Honnefelder. it 1446

Johann Wolfgang Goethe: Erotische Gedichte. Gedichte, Skizzen und Fragmente. Herausgegeben von Andreas Ammer. it 1225

– Gedichte. Sämtliche Gedichte in zeitlicher Folge. Herausgegeben von Heinz Nicolai. it 1400

– Römische Elegien und Venezianische Epigramme. Herausgegeben von Regine Otto. it 1150

– West-östlicher Divan. Mit Essays zum ›Divan‹ von Hugo von Hofmannsthal, Oskar Loerke und Karl Krolow. Herausgegeben und mit Erläuterungen versehen von Hans-J. Weitz. it 75

Johann Wolfgang Goethe / Friedrich von Schiller: Sämtliche Balladen und Romanzen in zeitlicher Folge. Herausgegeben von Karl Eibl. it 1275

Goethes Liebesgedichte. Herausgegeben von Hans Gerhard Gräf mit einem Nachwort von Emil Staiger. it 275

Karoline von Günderode: Gedichte. Herausgegeben von Franz Josef Görtz. it 809

Johann Christian Günther: Die Gedichte. Herausgegeben von Franz-Heinrich Hackel. it 1702

Heinrich Heine: Buch der Lieder. Mit zeitgenössischen Illustrationen und einem Nachwort von E. Galley. it 33

175/1/3.95

Lyrik
im insel taschenbuch

Heinrich Heine: Deutschland. Ein Wintermärchen. Mit einem Nachwort von Joseph Peter Strelka. Anhang mit Bibliographie und einer Zeittafel. it 723
– Gedichte aus Liebe. In einer Auswahl von Thomas Brasch. it 1444
– Neue Gedichte. it 1055
– Romanzero. Mit einem Nachwort von Joseph A. Kruse und zeitgenössischen Illustrationen. it 538
Hermann Hesse: Gedichte des Malers. Zehn Gedichte mit farbigen Zeichnungen. it 893
– Im Garten. Betrachtungen und Gedichte. Zusammengestellt und mit einem Nachwort von Volker Michels. Mit zahlreichen Abbildungen. it 1329
Mit Hermann Hesse reisen. Betrachtungen und Gedichte. Herausgegeben von Volker Michels. it 1242
– Tessin. Betrachtungen, Gedichte und Aquarelle des Autors. Herausgegeben von Volker Michels. it 1494
Friedrich Hölderlin: Gedichte. Herausgegeben und mit Erläuterungen versehen von Jochen Schmidt. it 781
– Die schönsten Gedichte. Ausgewählt und mit einem Nachwort versehen von Jochen Schmidt. it 1508
Ich wollt in Liedern oft Dich preisen. Gedichte an den Lebensgefährten. Herausgegeben von Cordula Gerhard. it 1552
Jakob Michael Reinhold Lenz: Gedichte und Briefe. Herausgegeben von Sigrid Damm. it 1443
Christian Morgenstern: Alle Galgenlieder. it 6
Wilhelm Müller: Die Winterreise und andere Gedichte. Herausgegeben von Hans-Rüdiger Schwab. Mit einem Vorwort von Christian Elsner. it 901
Friedrich Nietzsche: Gedichte. Herausgegeben von Karl Riha. it 1622
Novalis: Gedichte. Die Lehrlinge zu Sais – Dialogen und Monolog. Mit einem Nachwort von Jochen Hörisch. it 1010
Rainer Maria Rilke: Ausgesetzt auf den Bergen des Herzens. Gedichte aus den Jahren 1906 bis 1926. it 98
– Das Buch der Bilder. Des ersten Buches erster Teil. Des ersten Buches zweiter Teil. Des zweiten Buches erster Teil. Des zweiten Buches zweiter Teil. it 26
– Duineser Elegien. Die Sonette an Orpheus. it 80
– Erste Gedichte. Larenopfer. Traumgekrönt. Advent. it 1090
– Frühe Gedichte. it 878

175/2/3.95

Lyrik
im insel taschenbuch

Rainer Maria Rilke: Gedichte. Aus den Jahren 1902 bis 1917. Taschenbuchausgabe der 1931 als Privatdruck erschienenen Edition der Handschrift Rainer Maria Rilkes. Illustriert von Max Slevogt. it 701

– Gedichte aus den späten Jahren. Zusammengestellt von Franz-Heinrich Hackel. it 1178

– Die Letzten. Im Gespräch. Der Liebende. it 935

– Die Liebenden. Die Liebe der Magdalena. Portugiesische Briefe. Die 24 Sonette der Louïze Labé. it 355

– Neue Gedichte. Der Neuen Gedichte anderer Teil. it 49

– Das Stunden-Buch, enthaltend die drei Bücher: Vom mönchischen Leben. Von der Pilgerschaft. Von der Armut und vom Tode. it 2

– Vom Alleinsein. Geschichten, Gedanken, Gedichte. Herausgegeben von Franz-Heinrich Hackel. it 1216

Friedrich Rückert: Kindertodtenlieder. Mit einer Einleitung neu herausgegeben von Hans Wollschläger. it 1545

Sappho. Neu übertragen und kommentiert von Stefanie Preiswerk-zum Stein. Mit farbigen Abbildungen. it 1229

Sappho: Strophen und Verse. Übersetzt und herausgegeben von Joachim Schickel. it 309

Theodor Storm: Gedichte. it 731

Georg Trakl: Die Dichtungen. it 1156

Über die Liebe. Gedichte und Interpretationen aus der ›Frankfurter Anthologie‹. Herausgegeben von Marcel Reich-Ranicki. it 794

François Villon: Sämtliche Dichtungen. Zweisprachige Ausgabe. Aus dem Französischen von Walther Küchler. it 1039

Vom Abschied. Eine Gedichtsammlung. Herausgegeben von Margot Litten. Originalausgabe. it 694

Oscar Wilde: Gedichte. Herausgegeben von Norbert Kohl. it 1455

175/3/3.95